金钱何以改变世界

THE HISTORY OF MONEY

传染病、气候变化与金融危机

[韩] 洪椿旭 著
郑丹丹 译

东方出版中心

图书在版编目（CIP）数据

金钱何以改变世界：传染病、气候变化与金融危机 /
(韩) 洪椿旭著；郑丹丹译. —— 上海：东方出版中心,
2022.3
ISBN 978-7-5473-1938-3

Ⅰ. ①金… Ⅱ. ①洪… ②郑… Ⅲ. ①金融体系 – 研
究 – 世界 Ⅳ. ①F831

中国版本图书馆CIP数据核字(2021)第277994号

上海市版权局著作权合同登记：图字09-2021-0993

金钱何以改变世界：传染病、气候变化与金融危机

著　　者 [韩] 洪椿旭
译　　者 郑丹丹
责任编辑 费多芬
封面设计 今亮后声 HOPESOUND pankouyugu@163.com · 小九

出版发行 东方出版中心
地　　址 上海市仙霞路345号
邮政编码 200336
电　　话 021-62417400
印 刷 者 上海颛辉印刷厂有限公司

开　　本 890mm × 1240mm 1/32
印　　张 9.625
字　　数 164千字
版　　次 2022年3月第1版
印　　次 2022年3月第1次印刷
定　　价 56.00元

序

《金钱何以改变世界：换个角度看历史》一书于2019年出版后受到了不少读者朋友的青睐，而对于后续作品的创作，我的压力也与日俱增。我还是生平第一次收到如此之多的读者邮件，当时常常有读者在邮件中提到“书里有些内容难以理解”并提出了各类问题，着实让我有些惭愧。

综合读者们提出的意见，这部《金钱何以改变世界：传染病、气候变化与金融危机》我会尽可能写得更为通俗易懂。有些读者觉得经济学晦涩难懂，我便在书中尽量选用日常用语；有些读者渴望获取更多的信息，我便在每一节的末尾增加了“深度阅读”部分。此外，书的结构也有所改变。《金钱何以改变世界：换个角度看历史》一书以对金融史产生重大影响的事件为线索，按照时间的顺序编排而成。而《金钱何以改变世界：传染病、气候变化与金融危机》则围绕着六大主题展开，以便读者进一步熟悉经济学的基本概念。

本书第一章主要探讨有关“信任”的问题。1975年在韩国全罗南道新安郡发现了一艘沉没在海底的宝藏船，船上装载着28吨中国铜钱。在揭秘这艘沉船以及这些铜钱的过程中，我们能够逐渐了解到“金钱”以何种方式被人们接受，又是如何失去人们的信任的。简单来讲，在新安郡发现的沉船中之所以满载中国铜钱，与那个时代的中国人减少金属货币的使用息息相关。宋朝时期掀起的金融改革到元朝时趋于稳定，“交钞”这种纸币在经济活动中占据了支配性地位，中国人将变得毫无用处的旧式铜钱出口，同时进口贵金属及硫黄等急需商品，而承担这一进出口业务的货船在开往日本之时在海上遇难沉没。

然而，随着元朝的灭亡这场金融改革也“中断”了。本书的第二章讲述的便是传染病对人类经济生活所造成的影响。14世纪中叶，鼠疫的肆虐蔓延加速了元朝的灭亡。中国的人口在元朝时达到1亿之多，而到了明朝初期，人口普查显示这个数字缩减至5 000万。由此可见，在这200年间中国人遭遇了怎样残酷的事情。传染病夺走了无数人的生命，而在元朝走向灭亡的过程中，中国人对“纸币”，更准确地说是对政府主导下的货币体系不再信任。当然，在元朝之后，无论是明朝还是清朝都发行了纸币及铸币，同时政府为了稳定货币体系也做出了诸多努力，但在民间商业交易中纸币及铸币仍只位于次要地位。因为中国人切身体会到，当朝代灭亡、传染病肆虐之时，纸币会即刻沦为废纸，更不用说拿它来购买生活必需品了，所以人们只将黄金、白银此类贵金属认定为“货币”。西班牙的马尼拉大帆船解决了中国人对于贵金属的迫切需求。从墨西哥出发经由菲律宾而后进入中国的白银成为引发明朝经济改革的基石。

然而明朝的经济改革却并不彻底。一个国家的货币供应无法达到自给自足而要依靠他人之力，这显然是一件极其危险的事。最终，在1640年前后随着进入中国的白银数量骤减，明朝陷入了严峻的危机之中。围绕着明朝灭亡之前白银进口数量减少的原因，历史学家们持续进行着讨论，但至少不可否认的一点是白银进口数量的缩减进一步加剧了明朝的经济困境。

17世纪初期，世界上大部分国家的处境都异常艰难，气候学界将该时期称为“小冰河期”。原本位于北美洲东北部地区的海盗定居点被废弃，明朝时期的中国叛乱丛生。有一种全新的论断称这一切都与气候的变化存在紧密关联，而这一观点也引发了历史爱好者们的极大兴致。本书会在第三章讲述相关内容。

第四章主要探讨当时的欧洲得以统治世界的原因。西方人为什么不远万里用白银来交换中国的商品？这其中肯定包含着各种各样的原因，不过最重要的原因莫过于“落后就会灭亡”这种竞争压力。15世纪末，法国国王查理八世对战术体系进行了改头换面的革新并借助这一全新的战术横扫意大利全境。查理八世一方面灵活利用古希腊的密集方阵来阻挡骑士的袭击，另一方面利用轻型大炮压制对方。与此相反，意大利军队则袭用了老式战术，结果毫无悬念地遭遇了惨败。

然而法国的霸权仅持续了5年的时间。统一了伊比利亚半岛的新兴强国西班牙凭借比法国更先进的战术和数量更庞大的火绳枪发起了挑战。可以说在15世纪末前后，欧洲境内展开了一场激烈的“生存竞争”。与竞争对手相比，如果自身无法更迅速地采用火药武器并训练出精良的军队，那就意味着将在竞争中败下阵来甚至彻底灭亡。正是在这种急迫的重压之下，欧洲境内实现了不断的革新。

而亚洲的情况则与欧洲大相径庭。在建立起统一的帝国之前，亚洲各国迅速掌握火药武器技术，演练全新战术，而当帝国建立起来之后，具有革新性的战术遭到废弃，甚至节节倒退的局面比比皆是。周边不存在具有威胁性的敌人，让这些帝国丧失了持续强化军事力量的动力。最具代表性的是17世纪初的日本。终结了战国时代，开创了全新的幕府时代的德川家康放弃了以火绳枪为中心的强大战术，而重新开始大力提倡以长刀为中心的“武士道”。

英国在欧洲内部的竞争中成了最终的胜者，但至少直到17世纪，没有人预料到结果会是这样。英国不仅人口数量少而且陆军实力极其薄弱，而它究竟是怎样成为霸权国家的呢？本书的第五章将重点解答这一疑问。由于英国是一个岛国，因此它并未卷入大陆战争当中，也正是多亏了这一点它的国土才没有遭到破坏。不过，如果没有从 17 世纪末开始的金融改革，想要建立起强大的帝国也并非易事。在其他国家遭受掠夺并把主要精力放在维护军事力量的时候，英国却在以低息发行国债的方式筹集资金。继 13 世纪的中国之后，英国是第二个确立纸币体系的国家，这在促进贸易往来，建立起近代化银行制度的过程中起到了决定性作用。

在这一部分当中，可能会有读者存在一点疑问。建立在纸币基础上的金融体系无疑是经济发展的基石，但不也正是这一金融体系造成了 2000 年互联网泡沫的破灭、2008 年房地产市场的萧条以及资本市场内部的危机吗？本书将在第六章详细阐释这一问题。对于 2008 年全球金融危机爆发的原因及之后的解决过程抱有种种疑惑的读者能够在这一章中获取帮助。同时通过这一章读者还能够了解在遭受 2020 年新冠肺炎疫情冲击之后，以美国联邦储备委员会（美国的中央银行）为首的发达国家中央银行迅速降低利率，在金融市场中购买国债及公司债券并实施量化宽松政策的原因。

最后，我要向在本书创作过程中提供了诸多帮助的各位朋友表达真诚的谢意。首先，明知大学的金斗尔教授为本书提供了大量帮助。第三章第三节“12 世纪后中国为何备受北方民族侵略的困扰？”这一部分正是参考了金斗尔教授介绍的非常有价值的论文才得以写就。在研究美索不达米亚等半干旱地区农业发展进程的过程中，论山大建高中的李海昌老师提供了有重要帮助的资料及论文。在写作第一章第一节“新安宝藏船为何载满中国铜钱？”这一部分时，奎章阁韩国学研究院的金时德教授给了我大量帮助。金教授向我介绍了日本出版的有关货币史的书籍并将此书借给我参考，这使得本书的内容变得更加充实。由于是日语书籍，理解起来存在诸多不便，正在为留学准备的长子彩勋帮我翻译出主要内容使我顺利克服了这一难题。

最后还要感谢在我完成每一章的写作后抽出宝贵的时间帮我仔细审校的弟弟妹妹们以及为了儿子能写出优秀的书籍而虔诚祈祷的母亲，有了他们的帮助本书才得以顺利收尾。此外还要感谢每晚入睡前听我讲述无聊的历史故事，不断给我打气加油的妻子和小儿子优震。

洪椿旭

2020 年 8 月 10 日

目录

第一章 新安宝藏船的秘密

Part 1

第二章 传染病蔓延时，经济会发生怎样的变化？

Part 2

第三章 气候变化改变的历史分界点

Part 3

第四章
为什么西方得以在 19 世纪称霸世界？

Part 4

第五章
金融如何改变社会?

Part 5

第六章
一切金融危机之源：2008 年全球金融危机

Part 6

The History Of Money

第一章 新安宝藏船的秘密

新安宝藏船 为何载满中国铜钱？

01

The History of money

2016 年，韩国国立中央博物馆举办了名为“在新安沉船中寻觅到的一切”的特别展览，此次展览吸引了大批的观众。2 万余件美丽的瓷器和装载着重达 28 吨铜钱的箱子等展品呈现在大众眼前，让满怀好奇之心前来参观的观众惊叹不已（当时我也携家人前往参观，壮观的场景令我瞠目结舌，至今仍记忆犹新）。

展览的介绍手册上的内容大致是这样的：1975 年 8 月的一天，在全罗南道新安曾岛的前海区域，有一位渔夫撒下的渔网无意间捞到了 6 件瓷器。令人震惊的是，日后经鉴别发现这些瓷器是中国元朝时期名为龙泉窑的瓷窑中烧制出的青瓷。此后，打捞工作持续了 9 年。

如果要列举出韩国历史上最伟大的考古发现，哪一项会入选呢？这其中不乏天马冢、百济金铜大香炉等诸多备选项，然而单从发现的文物规模一项来看，新安宝藏船毫无疑问是佼佼者。从“宝藏船”这一说法就可获知，沉船中满载的瓷器和铜钱数量之多、价值之大是超乎想象的。那么究竟是谁将这艘价值连城的宝藏船派往新安前海的呢?

这艘船是元朝时期从中国浙江省宁波港出发的一艘尖底船。尖底船是船底呈V字形且适合远洋航海的船只。相比平底船它更为庞大，也能装载更多的货物。不仅如此，将沉重的货物平铺于舱底还能够提高船只复原力，这使得尖底船非常适合远洋航海。新安宝藏船上重达28吨，约800万枚铜钱起到的就是一种压舱物（用于保持船只平衡的沉重的物体或液体）的作用。说到这里，我们来回顾一下有关电影中的细节。韩国电影史上观影人数最多的优秀影片《鸣梁海战》中登场的朝鲜水军使用的船只就是船底平整的平底船。船底平整的船只即便是驶入浅滩口也能够操纵自如，而且船底触及暗礁导致船只沉没的危险性较低。在战斗中这种船只易于转换方向，便于攻击敌人。与此相反，船底呈V字形的尖底船行驶在类似于新安这样的浅海区域，沉没的可能性则较高。

研究发现，这艘船只里承载的大部分是中国人，目的地是位于日本九州岛东北部的博多港。船上装载着的1 000余件紫檀木(一种非常坚硬的红色树木，由于其特有的玫瑰香气又被称为玫瑰木，是一种珍贵木材）和木简（纸张尚未发明之前用于记录文字的木片）。木简上刻着各类文字，其中记载着装载这些货物的商人们的名字，经辨认大部分都是中国人。根据日本研究人员的研究显示，这艘船是1323年京都名门贵族九条家族资助的东福寺通过博多的末寺升天寺派往中国的贸易船。这艘船原本的目的地并非新安，而是经由济州岛南部海域前往九州岛北部，但因中途遭遇台风漂流至北部海域，导致船底撞击新安浅滩最终沉没。

不过，这里尚且有疑团未被解开。那么多的铜钱为什么要被运往日本呢？很长时间以来我也在苦苦思索这个问题，在多位研究者的帮助下，我找到以下两点原因。

第一个原因是当时的日本对货币的需求急剧增加。12 世纪中叶以后，日本的货币经济飞速发展，到了 13 世纪后期，用铜钱来缴纳佃租、税费等费用的情况已经非常普遍。但在这个时期，无论是京都的朝廷（以国王为中心的权贵势力）还是镰仓幕府（日本武士阶层建立的实际上的支配势力）都没有独立发行货币。最终，能够满足这种急剧增长的货币需求量的正是中国宋朝发行的铜钱。

日本学界将从中国大规模进口的铜钱统称为“宋钱”。中世纪遗址中，成堆的宋钱被挖掘出来，日本的高中历史教科书当中也出现了宋钱的照片及介绍，由此可见，在中世纪的日本社会，宋钱占据了支配性地位。到这里可能会有读者提出一个问题：

用其他国家的铜钱来进行交易？这可能吗？

其实这种事情极为常见，而且也并非只有在货币经济尚不成熟的过去才会发生。当今社会也有一些人更热衷于海外生产的或当前并不存在的国家制造的货币。比较具有代表性的是 20 世纪初的索马里。当时的索马里正遭受着长期内战的困扰，可以算是全世界最贫穷的国家之一。而那个时候的索马里人使用的就是被叫作“索马里先令”的一种钱，这种钱却是由早在 20 年前就消失的政府所发行的。

之所以能将“索马里先令”当作货币在市场中使用，其中最重要的一个原因就是熟悉感。比如，人们已经熟悉了用索马里先令去计算购买一块肥皂需要多少钱。不仅如此，地区性社区的存在进一步促使了索马里先令的使用。事实上索马里处于无政府状态，人们对于地区性集体有着非常强烈的归属感。实际生活中这种社区起到了一种类似于具有社会功能的胶水的作用，在社区内部，人们对于使用索马里先令进行交易达成了强烈的共识。政府处于瘫痪的状态，因此，突然向市场投放新的索马里先令的可能性几乎为零。也就是说，政府开动印刷机在短期内降低货币价值的可能性极低，这恰恰对索马里先令发挥其作为货币的功能起到了助推作用。

这个例子和中世纪日本的情况极为相似。日本人已经熟悉了由贸易船只带来的宋钱，自然而然地开始将其运用在商业交易中或作为贮藏手段。镰仓幕府并没有制造货币的想法，宋钱的供应稳定，品质又值得信任，于是社会中形成一种把宋钱当作交易手段的共识也就理所当然了。既然索马里先令都能作为货币，那么

1988 年发行的面值为 100 的索马里先令

经济和文化都比日本发达的宋朝制造的铸币又有什么理由不能被用来当作货币呢？

第一个可能的原因就叙述到这里，接下来我们来看看新安宝藏船装载 28 吨铜钱的第二个可能的原因。就算日本人再喜好宋钱，如果中国人没有把铜钱出口到日本的动机，那么这场贸易也不可能达成。那么当时中国人为什么要将宋钱运至日本呢？

因为铜钱的利用价值几乎消失了。当时的中国社会正处于从使用金属货币过渡到使用信用货币的阶段。为了解这一部分，我们首先需要清楚货币发展的三个阶段（实物货币—金属货币—信用货币）。

货币发展的第一阶段是实物货币。朝鲜的棉布、日本的大米都是在社会中经常被用来当作货币使用的实物。实物货币体系非常简明直观。大米和棉布所具有的使用价值十分明确，因此人们自然容易接受把其当作货币。但实物货币存在三个问题：一是价值极容易发生变化且难以准确评估；二是体积大而且沉重，不便于交易；三是经常会出现品质参差不齐的情况。

在近代社会初期，春荒期与秋收期之间的米价差异能够达到两倍甚至三四倍。货币是衡量物品价值的尺度，如果这个尺度在一年中的不同时期忽高忽低，那必定会对社会造成不良影响。况且与价格相比，大米的重量过于沉重。如果现在从网上购买 20 千克的大米，所需费用大约是 5 万韩元（按照 2020 年 7 月末的标准，下同）。而按照黄金交易价格 1 盎司（约 28 克）约 2 000 美元，20 千克黄金折合 142.9 万美元以上。如果需要携带具有相同价值的物品进行交换，不难想象所需大米的重量和体积有多么庞大。将会出现的麻烦不仅只有这些，因为人们还很可能因为物品的品质而发生争执。由于存在这些问题，如果不是在人们互相熟知且彼此信任的、较为狭小的区域范围内，棉布或大米很难发挥货币的功能。

能够弥补实物货币这些弊端的当属金属货币了。像汉武帝时期的五铢钱、朝鲜肃宗时期的常平通宝一样，金属货币体系指的是由国家铸造具有固定大小及重量的货币并将其作为公民缴纳税费的方式的体系。金属货币与实物货币相比具有两点优势。最大的优势就是具有相对稳定的价值。金属货币大多由铜、锡或银等铸成，能够进行开采的金属矿藏量是固定的，即便是经过较长时间，其价值仍旧能保持相对稳定（不过朝代更替时变动会较大）。金属货币的另一个优势是便于携带。前面提到了日本中世纪遗址中发掘出大量宋钱，这些宋钱大多是以钱串的形态被发现的。不难看出，与把棉布或大米装进袋子驮在牛车上拉去交易的方式相比，人们将几十个甚至上百个铜钱用线绳穿起来使用显然更加便利。

货币发展的第三个阶段是信用货币。这一部分相关内容会在第二节加以详细说明，信用货币体系指的是在进行生活中的各类交易时使用国家发行的纸币，而不再使用铜钱等金属货币。19 世纪以后西欧各国以及当今世界上的大部分国家都在采用这一货币体系。13 世纪前后中国出现了信用货币体系，这一事件给整个经济领域带来了巨大的影响。信用货币最核心也是最积极的作用就是能够在经济增长过程中对所需货币量进行适当调节（关于信用货币的出现及巩固给经济带来的影响将在本书第四章中详细论及）。

下一节我们就来详细看看宋朝出现信用货币的背景。

深度阅读

朝鲜的麻布如何成了货币？

在韩国，很长一段时间里麻布被用来充当货币。1123 年（高丽仁宗二年），出访高丽的宋朝使臣徐兢做了如下记录：

虽无常设店铺，白天却有定期市场，男女老少及官吏各自携带物品进行交易。因无货币制度，使用苎麻布及银瓶计算价值。日常用品中微小之物价值不及一匹苎麻布或一两银瓶，使用少量大米进行交换。百姓长期以来早已习惯如此，自觉甚为方便。

徐兢在这里提到的无货币制度指的应该是没有像宋朝一样基于铸币的交易制度。高丽时期的交易主要依赖实物货币，银瓶主要用来进行大额交易，其次是苎麻布，小额交易中使用的是大米。当然，主要交易手段仍然是麻布。但到了 1403 年（朝鲜太宗三年），司宪府停止将麻布作为货币，而是提出使用楮皮纸做成的纸币，也就是楮货。

从三国时代到高丽时期均用麻布作为货币，麻布使用五升布。

最初可用来制成衣服穿戴，还可购买物品，百姓感到甚为便利。时间一久奸诈行径日益增多，麻布由五升变为三升，市价大跌。

实物货币的典型弊端呈现了出来。1升指的是80股，5升布指的是由400股线织成的宽8寸的麻布。1471年颁布的《经国大典》[1]中记载，1匹麻布的等额价格是20张楮货，1张楮货的等额价格是1升大米。也就是说，1匹5升麻布可交换20升大米。然而正如同司宪府官吏指出的那样，品质粗劣的3升布在市面上的流通造成朝鲜政府定下的交换比例立刻名存实亡了。朝鲜的纸币流通以失败告终，但朝鲜后期诸如常平通宝等各类铸币却成功地得以发行并流通。

---

1 涵盖了高丽末期到朝鲜圣宗初期100年间颁布的法令、教旨、条例、惯例等的朝鲜时代的最高法典。世祖时期开始动笔起草，到成宗二年（1471年）颁布，后经多次修订于成宗十六年（1485年）最后完成。世祖六年（1460年），作为财政、经济之基础的户典最先完成，名为《经国大典户典》。

深度阅读

最早的货币——“贝”

贝是最为人们喜爱的早期货币之一。中国创造了世界上最早的信用货币，而中国货币的起源就是海贝。海贝精美坚实，使用周期长，而且色彩绚丽缤纷，人们还喜爱拿它来做装饰品。此外，海贝大小适中，用绳子穿起来后方便携带，且容易计算数量，于是自然而然成了最早的货币。正因为如此，富贵的“贵”、财产

古代社会使用的贝壳货币 13 件
图片来源：韩国国立中央博物馆藏品图片
https://www.museum.go.kr/site/main/relic/search/view?relicId=886#

西汉海昏侯古墓中出土的 10 余吨 200 万枚五铢钱，其价值相当于现在的 100 余万元人民币

的“财”等与财、货相关的汉字大多数都以“贝”字为偏旁。

中国发现的一处被推定为夏朝的遗址中出土了数量繁多的天然海贝。然而贝壳货币在公元前 6 世纪前后却逐渐销声匿迹了。究其原因，正如同我们在前文说过的，贝壳具有一些实物货币的弊端。比如，当时人们购买 1 头牛大约需要 1 斗（以古时候的单位计算，1 斗相当于 10 升，10 斗相当于 1 石）的贝壳，人们先要吃力地将沉重的贝壳背到市场上才行。由此可见，贝壳的价值过低且不方便运送。

春秋时期，周景王为了解决这一问题，决定制造新的铸币。当时模仿古代的农具铲子制造出了带有小手柄的花铲模样的青铜货币，但问题是其突出的部分尖锐锋利容易弄伤人，因而不方便随身携带过多。到了汉武帝时期，政府推行了外圆内方[1]的五铢钱，这也成了东亚地区铜钱的最终模型。

1 外圆内方的钱最早是战国时期秦铸造的秦半两钱。

宋朝的金属货币为何会在东亚流通？

02

The History of money

宋朝并不是从一开始就使用信用货币的。从唐朝灭亡到战乱不休、割据纷争的五代十国时期，货币体系也一直呈现一片混乱的状况。直到宋朝统一中国，社会形势趋于稳定且农业生产得到恢复，货币供应体系逐渐平稳后，信用货币才开始发展起来。

宋朝极为推崇儒家哲学，在建国之初人们对促进贸易往来漠不关心。然而，随着北方游牧民族接连不断地侵犯国境，宋朝军队在抵御侵略的过程中军费支出不断提升，万般无奈之下，宋朝逐渐推进贸易往来的开展，同时开始发行铜钱。

在这里我们需要说明一下为了“财政”而发行铜钱这部分内容。金属货币基本由包含银、铜、锌等在内的金属构成并由此决定价值。比如，罗马帝国发行的含银量为 90% 的铸币第纳尔（Denarius）的价值与含银量还不足 10% 的 3 世纪时的铸币的价值是不可能一致的。为了方便计算，铸币中包含的诸如锌、铅等金属的价值被忽略不计，1 世纪铸造的第纳尔银币的价值应当是 3 世纪制造的铸币的价值的 9 倍。

但现实中人们不会迅速地按照这种换算方式对铸币的具体价值进行调整。人们一旦对具有某种形态及重量的铸币熟悉之后，基本不大会对其中铜、锡或锌的含量进行一一测定。也就是说，只要在发行初期对铸币的品质进行恰当的管理，那么随后人们便不会再过度费心去关注它的品质，它自然而然会被当作“钱”。当然，所谓“初期的品质”管理起来却是十分困难的。不过，因为中国从春秋战国时期就开始发行铜钱，且在市面上成功流通，长期以来的丰富经验使得发行铜钱对于宋朝来讲不是一件难以完成的事。

因为社会的现实状况，宋钱的主要原材料铜的价值和铸币的价值被分离开来，这相当于赋予了宋钱一种信用货币的功能。以100文宋钱为例，其中所含的铜的价值充其量不过30文，但正因为是金属货币，它的价值被公认为100文。我们把宋钱想象为现在使用的纸币就更容易理解了。比如，具有特定质感的纸张在印刷上精美的纹样后就变身成了市面上流通的面值为5万韩元的纸币，这和铸币的价值原理是一样的。

宋朝通过发行铜钱填补了相当一部分在战争中所消耗的费用。979—1004年间，在与契丹族建立的辽国展开战争时期，如果将宋朝通过铸造货币所获得的收入换算成银，相当于年均能达到116吨之多。1千克银的价值约合60万韩元，即使以现在的价值来判断，这也是相当可观的收入（铸造部门承担着当时宋朝政府5%左右的财政来源）。

但此处我们需要关注一点。铸币的主要原料是铜，随着铜的价格变化，与国家发行的铜钱相比，同等重量的铜价格可能会更高。在宋朝的相关记载当中能够发现这样的内容，将 10 文铜钱熔化制成 1 两铜锭后能够卖到相当于原来 5 倍的价钱。

这种怪象其实在现代社会也屡见不鲜。2014 年曾发生过一起事件，韩国的 10 名硬币收藏者将从全国各地收集来的旧版面值为 10 韩元的硬币熔化制成铜锭后售出，竟获得了高达 20 亿韩元的收入。旧版 10 韩元硬币直径 22.86 毫米，重 4.06 克，是含有 65% 的铜和 35% 的锌的合金。随着原材料价格的快速上涨，将铸币熔化后再卖出能够获得更高的收益，这也就导致了此类犯罪行为的出现。在大多数国家，将铸币熔化后用于其他用途均属犯罪行为，以韩国为例，此类犯罪行为会被处以 6 个月以下的有期徒刑和 500 万韩元以下的罚金。

宋朝在相当一段时间内获得了铸造差额（即铸币税，从货币面值中减去制造费用后的剩余），但这并非铸造货币的主要目的。那么，宋朝大举铸造铜钱的目的究竟是什么呢?

金属货币在市面广泛流通能够促进经济发展，这样一来政府就能够收取相应的税费。宋朝最初是和北方的辽国，随后又和西北方的西夏争战不断，军费成倍增长。975 年宋朝刚建立不久时军队人数约为 38.7 万人，到了 1045 年与西夏发起战争之时增加到了

125.9 万人，人数增加至原来的 3 倍多。维持规模如此巨大的军力肯定需要庞大的军费开支来支持。如果无法及时筹措到军队所需费用，那么就很有可能会像五代十国的那些国家一样从内部先开始崩塌（军队的军事政变），使国家陷入危机之中。

就在这样的局势之下，王安石出现了。他认为要想在战争中取得胜利，最重要的就是使国家富裕起来。他还认为要想使国家富裕，就必须有充足的“经济血液”，即货币的供应量要充足。自此，王安石开始大力推行包括扩大货币供应在内的一系列政策措施，即王安石变法。原本年均在 100 万—200 万贯左右的铜钱铸造量，到 1070 年上升到了近 400 万贯（由此可知，在日本及韩国能够时常发现宋钱正是因为王安石的变法）。

扩大货币供应量会给经济带来怎样的影响呢？宋朝最为重要的货币是铜钱，铜钱供应量的增长意味着铜钱相对价值的降低。这样一来，像银、大米等经常与铜钱进行交易的物品的价格就会面临上涨的压力。而缓慢的通货膨胀对经济增长能够起到促进作用。这是因为，当人们意识到物品价格在日后有持续上涨的趋势时，就会表现出不再进行储蓄而是增加消费与投资的倾向。例如，每当汽车的车型更新换代时价格都会上涨，几年甚至几十年这样的规律反复不断出现的话，人们不就会在汽车车型更新之前迅速购买车辆了吗？

当时在宋朝的经济中地位最重要的产业就是农业。在雨水丰

1069—1085 年推行变法的北宋政治家王安石

富、气候温暖的长江下游地区，随着“占城稻”这一全新品种的推广，经济改革也逐步得以实现。占城稻生长期短，不仅能够实现两茬种植，而且单位面积产量高。粮食产量增加能够给经济带来两方面的影响。一方面是农业生产效率提高使得农村出现剩余劳动力，当这些劳动力涌入城市就会促进人工费用的下降；另一方面是粮食生产量的剧增会导致粮食价格的降低。1069 年王安石实施的改革政策不仅促进了财政重建，同时也是针对当时整体经济中出现的较高的通货紧缩危机的一种应对策略。

从王安石变法的结果来看，北宋的财政状况得到了积极的改善。宋朝总税收在1021年只有5 723万贯，1077年则增长至8 933万贯。以铜钱形式征收的税收在1021年占比52%，1077年则上升到81%，由此可见，民众缴纳税费也变得非常便利。

从围绕着朝鲜的大同法展开的漫长的争论中可见，以实物形式缴纳税费非常不便。把大米、棉布及各地区的特产物品运往都城需要花费高额的费用，不仅如此，在运送过程中实物极易遭到破坏且品质也会有所损伤。因为不同地区与都城的距离各不相同，所以要承担的运送费用也存在差异。考虑到这些因素，和各地方直接上交物品相比，由政府从各地方的商人那里购买所需物品显然要更加合理和便利。这样一来，不仅位于都城和各地的商人以国家为对象进行贸易能够获得收益，而且还能够达到促进物流发展的效果。[1]

王安石的新法所产生的效果不仅限于货币发行量的增加。他还果断推行青苗法[2]、市易法[3]等多项改革政策，成功促进了财政

1　这是王安石的新法中最早实施的“均输法”的主要核心。制度大致内容是：由掌管漕运的发运使负责，将除去政府所需物资以外的多余物品运往其他地区销售，政府从运送费用低、物品价格低的地区直接购买紧缺物资，通过有效协调将这些过程中的获利用于补充国家财政收入。

2　针对农民的低息贷款政策。

3　以保护中小商人为目的而制定的。政府出资购买中小商人的货物或提供低息贷款。

的重建。然而就在此过程中，王安石也树敌无数。他的支持者神宗（1067—1085 年在位）健在时，反对派的意见并没有引起过多问题，但 1085 年 4 月 1 日神宗去世后，随着年幼的哲宗（1085—1100 年在位）继承皇位，变法宣告终结。高太后开始摄政后重用一直以来强烈反对王安石改革的司马光，新法被全面废止。看到事态的发展，反对王安石的程颢也不由得发出如下慨叹：

改革的结果落得如今这一令人惋惜的地步，也不能把一切都怪罪于王安石。

尽管王安石的新法具有一反常规之特点，在推行过程中也引发了各种问题，但那些成效显著的部分还是有必要沿用下去的，然而中庸的美德在这里丝毫没有发挥作用。最终，由于新法的废止，国家不仅在寻找军费来源的问题上遇到困难，货币发行量也骤然降低。在王安石变法时期，货币发行量为年均 400 万贯左右，而 1090 年前后则下降到 300 万贯的水平，整体经济的困境加重也使得国家步入了税收减少、财政乏力的恶性循环。

宋徽宗（1100—1126 年在位）的继位被认为是百姓生活日渐艰辛、宋朝走向灭亡的重要原因。《水浒传》就讲述了聚集于梁山泊的 108 位英雄好汉的故事，小说中描写了宋朝百姓因为昏庸的国君（徽宗）和腐败的官吏而遭受着巨大痛苦的情形。特别是在擅长蹴鞠（在东方长期流行的一种娱乐活动）的高俅升至太尉的章节中真实地描绘出了宋朝国防崩塌的场景。高俅在修建自己的住宅时把禁军当作私役使唤，私吞军人俸禄，令禁军为位高权重之人及贵族办理私事，以此削减禁军数量。北宋灭亡之前，原本 15 万人的禁军仅剩 3 万人。据考察，当时为请求弹劾高俅而呈上的奏折中就痛斥过高俅对手下军人冷酷无情，训练毫无章法，从不整顿军纪，军队如同颓垣断壁一般岌岌可危。

富裕的宋朝在不断遭受北方游牧民族入侵的过程中中断了改革，加之皇帝挥霍无度，国家根本不可能继续正常运行。结果在 1127 年，宋朝都城开封遭女真族建立的金国所占领，包括宋徽宗在内的无数王公贵族被掳至金国沦为奴隶。故事到这里还没有结束。

宋钦宗的弟弟赵构为了与金国议和曾出访过女真族的根据地，他充分了解金国拥有多么强大的武力，因此提前做好了应对措施。1126 年秋，金兵包围开封之际赵构迅速跨过长江奔往南方避难，之后建立起南宋并登上了皇位。赵构之所以能够在南方建立起新的国家，正是因为有大批的百姓为了逃避女真族的掳掠而迁移至江南一带的缘故。中国研究者认为这一时期有数百万名百姓与赵构一同进行了迁移。1162 年，长江下游地区的成年男性人口时隔 60 年增长超过了 30%，这一数据有力地证实了这一看法。

但南宋也并非一帆风顺。一方面他们因为持续性地遭受女真族入侵的威胁而担惊受怕，另一方面由于金国夺走了北部地区，他们失去了主要的铜矿，货币的不足令他们伤透了脑筋。

面对种种困境，南宋政府做出的选择便是发行纸质货币。1160 年，同金国的战争硝烟再起，南宋政府开始在东南地区发行一种叫作会子的纸质货币，并在随后的几十年内都对这种纸质货币实施着谨慎的管理。他们严格控制会子的流通量，让百姓使用铜钱和会子来缴纳税费，用银子回购在市面流通的超过标准值的纸币。

南宋政府之所以能够成功地发行纸币并促使其流通有以下三点原因：第一，持续性的战争使得国家对于铜、锌、铁等军需品的需求大幅增加，因此使用金属铸造货币负担过重。第二，印刷术的不断发展使得纸币印刷能够达到非常精细的水平，很难出现仿制品。第三，人们慢慢开始熟悉信用货币。人们逐渐习惯了将货币的价值与金属的价值区分开，就如同人们在进行交易时不再对政府发行的铜钱的重量进行一一称量一样，也不再对会子的价值产生怀疑。

当时宋朝的学者叶适对货币进行过如下说明：

钱是人类创造出的妖物之一，只有在持续流通中它才是有用之物。一旦脱离市场被锁入铁柜，它也就丧失了存在的意义。

南宋的第二代皇帝孝宗
孝宗格外注重维持会子的信用价值，引领南宋步入了安定期

这句话指出钱只有流通才能称之为钱，不愧是名言。当时宋朝的民众充分地领会了叶适的教诲，他们开始积极地使用纸币，而宋朝制造的大量铜钱则流向了尚未使用纸币的国家，也就是日本。

在下一节中我们将探讨中国人是怎样重新开始认识到黄金和白银的珍贵性的。

深度阅读

南宋人不使用北宋铸造的铜钱吗？

在阅读完第二节后有的读者可能会提出这样的问题：“北宋灭亡后，由于铜的短缺，铜钱的发行也遇到了困难，所以南宋人才开始使用纸币。北宋已经制造出了那么多货币，南宋人直接用不就行了吗？”这个问题很容易找到答案。铜钱本身的重量要大于其价值，北宋灭亡后数百万百姓向南方迁移，大家更为迫切的是携带那些价值更高的贵金属。这里，我们以李氏朝鲜时代的铜钱常平通宝为例来思考一下铜钱的携带性问题。1 文常平通宝的价值约合 (现在的)200 韩元，要购买重 20 千克的一袋米（以 2020 年 7 月末为标准，需要 5 万韩元左右）需要 250 文常平通宝。1 文常平通宝重 6 克，仅一袋米所需铜钱的重量就可达 1.5 千克。虽然铜钱比大米便于携带，但在漫长的避难之路上还是会遇到不少困难。从南宋人的角度来看，丧失北方领土就意味着丧失了庞大的人力，货币供应量也会减少。正是基于这样的背景，南宋的孝宗才会发行会子并费尽心力去稳定其价值。

	常平通宝	现代韩元
10倍	1文（分）	200韩元
10倍	1钱	2 000韩元
10倍	1两	20 000韩元
	1贯	200 000韩元

图1-1　李氏朝鲜时代发行的最为大众化的铜钱——常平通宝的价值（估计值）

出处：Naver知识百科全书

深度阅读

金属货币的最大问题——铸币税

继吕底亚发明铸币之后，罗马帝国在全国范围内发行了新的铸币“第纳尔”并由此开创了全盛时期。但罗马帝国的全盛期也只是昙花一现。随着征战的结束，不仅奴隶和贵金属无法进一步流入，欧洲的贵金属矿也陷入了一片枯竭。

五贤帝（罗马帝国全盛期的五位皇帝）中的最后一位皇帝马克・奥勒留（Marcus Aurelius）死前（180 年），已有三个问题在蚕食着罗马帝国。第一个是日耳曼人的大迁徙（马克・奥勒留皇帝就是在与日耳曼人展开的战争中死亡的）。第二个是奴隶流入的终止造成整个罗马帝国严重的劳动力短缺。第三个是金融不稳定性加剧。

特别是最后一个问题致使罗马帝国的经济受到了巨大冲击。由于支出长期大于收入，罗马的诸位皇帝只好持续性地通过降低银币的纯度来筹集资金。早期的市场参与者们并没有意识到银币品质的下降，但在 200 年前后开始出现的银币纯度的突然下降却引发了严重的通货膨胀。

银币纯度的下降引发通货膨胀的详细原因可以通过以下的例

历代罗马皇帝发行的铸币

从第一行左侧起分别是：公元前157年共和国时期铸币，73年苇斯巴芗（Vespasian）皇帝时期铸币，161年奥勒留皇帝时期的铸币，194年塞普蒂米乌斯·塞维鲁（Septimius Severus）皇帝时期的铸币。从第二行左侧起分别是：199年塞维鲁王朝的第二任皇帝卡拉卡拉（Caracalla）时期的铸币，200年塞维鲁王朝朱丽亚·多姆娜（Julia Domna）皇后时期的铸币，219年埃拉伽巴路斯（Elagabalus）皇帝时期的铸币，236年马克西姆·特亚克斯（Maximinus Thrax）皇帝时期的铸币

子加以说明。最初察觉到银币纯度下降的商人A将自己持有的银币都拿到市场上进行抛售，同时他认识到购藏食品及衣服有助于获得收益。对于A的行为感到好奇的商人B开始对A一系列行为产生的原因展开调查，从而发现了银币纯度严重下降的事实，他随后也抛售了自己持有的银币，同时开始东奔西走去购入奥勒留皇帝时期（罗马的银币上刻有发行时期皇帝的头像）制成的纯度较高的银币。

A和B的行为都出现在铸币品质下降时期。A所做的事情会引

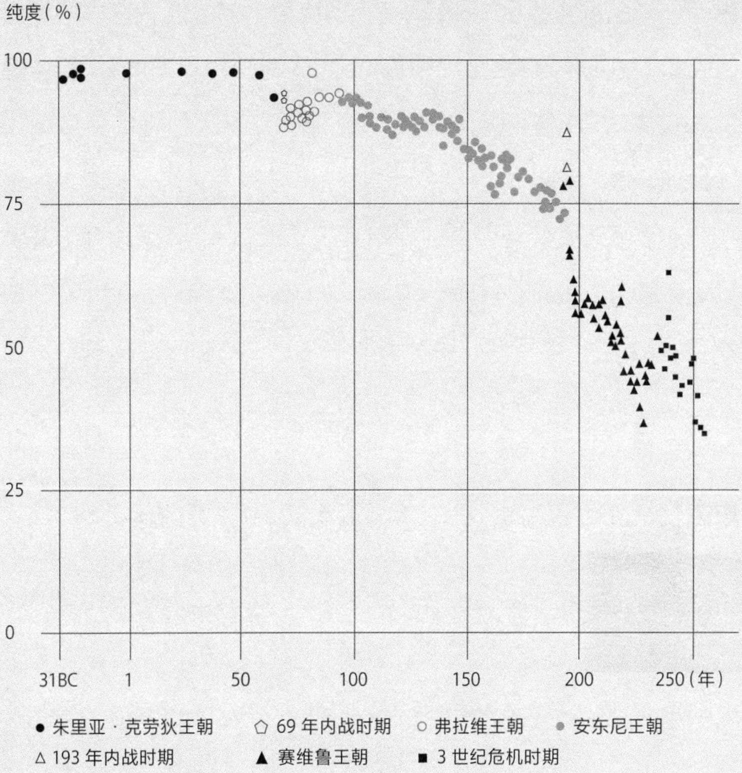

图 1-2　罗马帝国银币的纯度变化（公元前 31 年到 3 世纪末）

数据来源: 위키. https://en.wikipedia.org/wiki/Denarius

发生活必需品价格的猛增，B 的行为则会导致对包含银在内的贵金属的囤积。这两种行为都会造成通货膨胀的压力提升，但从整体经济的角度来看，B 的行为破坏性更强。因为，富人们将贵金属藏入保险柜或床底，只会造成原本就短缺的流通贵金属进一步减少。

对于银币纯度降低引发的突如其来的通货膨胀，罗马帝国并没有置之不管。戴克里先（Diocletian）皇帝在 301 年颁布诏令宣布调控物价、工资，完善官僚制度及财政制度。他与他的继承者君士坦丁一世（Constantine）的改革曾一度给罗马帝国注入了新的活力，但这些改革都没能从根本上解决问题。476 年西罗马帝国灭亡的直接原因就是日耳曼人的入侵，但其背后金融混乱的背景也不容忽视。

中国人为何喜爱黄金和白银?

03
The History of money

2005—2010 年这段时间，担任某证券公司调研组组长的我几乎每个月都要去一趟中国香港。频繁去往香港是因为当时中国内地和香港的证券市场呈现一片大好景象，我希望能寻找到投资机会及合作伙伴。当时忙忙碌碌穿梭于香港市区的时候不觉有一点疑问：

香港为什么有那么多的金店？这里是全世界生活水平最高的地区之一，金店似乎比奢侈品店还多。

写这本书的过程中我又不禁想起这个问题。当时没能解开的疑惑现在却能够解开了。那是因为人们对南宋的会子和元朝的交钞等所有的信用货币缺乏信任的缘故。

当然，人们并非从一开始就对信用货币不存在信任。南宋初期在买卖商品和雇佣人力时，会子是一种最为合适的交易手段。会子在发行之初，市值坚挺，与铜钱的比价基本保持在一贯等同于770枚铜钱的水平，这一比价维持了相当长时间。自1160年会子发行以来，南宋的第二任皇帝孝宗（1162—1189年在位）为此费尽心力，他曾感叹道“朕以会子之故，几乎十年睡不着”。孝宗于1167年以白银200万两收兑会子并将其销毁，同时还颁布诏令要求用会子缴纳各种税费。经过这些努力，1170年以后会子在市场上才得到了人们的信任。

当时人们对会子的信任达到何种程度，通过1215年以后的土地交易账簿便可以体现出来。研究南宋时期土地交易状况的学者发现，当时土地买卖款项大部分都是以会子为标准来进行记录的。也就是说，土地作为当时最为重要的资产，在进行交易的过程中使用到的是会子，纸币已经成了主要交易手段，银所起到的是辅助性的作用。人们甚至因为贸易往来中所使用的会子数量不足，而接二连三地向政府请愿要求增加发行量。为满足民众的需求，南宋政府发行了流通期限从3年到30年不等的、种类多样的会子。之所以制定流通期限是因为政府对于会子在民间究竟能否获得信任尚不十分确定。当时的会子上标注有兑换“期限”，到期后可拿会子到官库换取银或丝绸，政府也希望通过这样的实际行动来向民众展示会子的实际价值，以获取民众的信任。

然而会子的全盛期也并不长久。维持会子价值稳定的过程中遇到的最大的问题就是难以控制的军费支出。1206年，南宋受到金国进攻并溃败，四川的军队叛宋降金而最终却以失败告终。南宋的军费支出在此过程中不断增加。南宋政府为了补贴战争费用共发行了大约 2.3 亿贯的会子，其中有 6 000 万贯是之前已发行的，这样一来货币供应量几乎增加到了原有的 4 倍。这致使会子的市场价值立刻下跌到面值的 60%，1240 年下跌至原先四分之一的水平。1276 年南宋被蒙古击败的原因就在于，南宋依赖增发货币这一最后的手段来负担战争费用，这最终导致金融体系的彻底崩溃。

这样的表述看起来，似乎会令人感觉南宋政府是一个居心叵测的统治集团，但增发会子确实是他们无奈之下的最后选择。南宋政府增加会子发行量之前，也曾为收取税费付出过努力。1070 年，王安石引入的名为农田水利法的农田开垦振兴政策开始得到实施，农业用地面积的增加奠定了扩大税收的基础。以前只有山坳中的平原地区才被开垦为耕地，实施农田水利法之后，长江下游的三角洲区域都被开垦出来，仅用 6 年的时间，新开垦的土地就增加了近 30%，大米产量随之飞速上涨，由此足以可见经济实力扩充到了怎样的地步。

此外，政府还通过积极扶持国际贸易进一步扩大税收。前近代社会中收取税费是一件非常艰难的事情。在主要税费仅包含土地税、人头税的时期并不存在什么问题，但像南宋这样商业发达的朝代，如果想适用“有收入之处皆收取税费”的原则就困难重重了。这种情况下，在贸易往来中最方便收取的税费就是关税。通过为海外驶来的船只提供安全及贸易往来方面的保障收取相应的税费，这不仅促使贸易往来变得频繁，同时还进一步扩充了税收。正因为如此，南宋的皇帝在保障贸易的安全方面都表现得非常积极。1137 年，宋高宗（1127—1162 年在位）曾提出："海上贸易利润可观，只要管理恰当就能收获巨额财富。促进这样的贸易难道不比向百姓征税收益更可取吗？"值得一提的是，宋朝的关税税率是非常之低的。政府向所谓的精细商品只征收 10% 的税，向粗劣商品只征收 6% 左右的税费而已。

南宋政府在不断努力确保税收的同时还在为培养强大的海军而费尽心思。通过丝绸之路进口马匹的途径被阻断，军队培养的方向只能从骑兵转向海军。就在南宋灭亡前的 5 年内，面对当时世界上最为强大的蒙古军队，南宋军队在长江中游要地襄阳城和樊城之所以能够进行殊死抗争正是因为其在海战中占据了优势。

许多西方史学家将南宋被蒙古所灭这一事件称为"资本主义的危机"。还有的人认为，蒙古的侵略造成宋朝灭亡后中国未能恢复以往的生机活力，这也正是世界史的转折点。

有关南宋我们就讲到这里，接下来我们来看一看元朝。南宋建立的信用货币体系在元朝得到了进一步的发展。元世祖忽必烈下令在全国普及纸币，并将其指定为国家的官方货币。从游牧民族的角度来看，他们既不了解经济是如何运行的，也不清楚国家应该如何管理，纸质货币对他们来说就像是"把纸变成金的魔术"，简直就如同魔法一般。元朝的信用货币体系之所以能够繁荣发展，得益于耶律楚材的巨大作用。出身于原辽国统治阶级的耶律楚材得到忽必烈的重用，他建议必须要控制纸币发行量并将丝绸和白银作为纸币发行的保障，以此获取大众的信任。

然而不容忽视的一点是，在忽必烈全面引入信用货币体系之前，大众对于纸币已经逐渐开始熟悉了。在 1260 年忽必烈将纸币指定为国家的官方货币之前，多个地区已经在流通纸币了。例如，1227 年在今天的山东省，地方官何实为了恢复经济就曾发行并流通过用丝绸制成的会子。

忽必烈在 1260 年发行的以丝为本的交钞与其说是崭新的变革，不如说是为了顺应经济发展带来的对货币需求的增加而采取的应对方法。根据规定，1 000 两交钞能够兑换 50 两白银，但由于交钞的面值过大，不便于在贸易往来中使用。针对这一缺点，元朝政府在同一年就发行了中统元宝交钞，规定其面值相当于 1 贯铜钱，也就是半两白银。

与宋朝有所不同，元朝并不注重维持纸币的价值。1283 年，元朝开始禁止在民间进行黄金和白银的买卖，1285 年开始采取包括禁止用铜钱缴纳税费在内的一系列措施，交钞的地位有了显著的提高。尽管如此，元朝的统治者更多地还是把注意力集中在获取银锭之上。因为在与西域的其他国家进行交易时银锭更为实用，而且也方便作为礼物送给蒙古的贵族。忽必烈去世后，元朝的皇帝为了获得更多的白银持续增加交钞的发行量，交钞的价值降到

孛儿只斤·忽必烈

了其面值以下。

随后又发生了一件事导致交钞彻底成了废纸。1331 年前后，一种新型的传染病蔓延开来。许多历史学者推测 14 世纪中期在中国流行的这种新型传染病就是鼠疫。而最初把鼠疫传到欧洲，1347 年又使得这种传染病在君士坦丁堡和意大利肆虐的正是蒙古军队。关于鼠疫的起源尚无定论，有一种说法是，蒙古人带到欧洲的鼠疫，其源头就在中国的内陆高山地带，蒙古在建设史上空前的大帝国的过程中接近了之前不曾有人涉足的地区，他们接触到了存在于这些地区的地方病，从而引发了之后的鼠疫扩散。

元朝经济因此受到致命性的打击。12 世纪初，北方游牧民族占领中国北方之前，宋朝人口突破了 1 亿人。随后由于鼠疫大流行、红巾军起义等，持续了约 25 年的混乱使人口减少了将近一半。根据 1371 年明朝建国后首次实施的人口普查显示，当时的人口仅为 5 987 万 。人口减少不仅会导致贸易往来的萎缩，还会摧毁国家的财政。残酷的统治引发了农民起义，加之传染病大流行以及财政的垮塌，这些因素的叠加最终加速了元朝的灭亡。

类似这样的事件使得中国人对纸币这样的信用货币产生了怀疑。人们切身体会到贮藏纸质货币是不安全的，一旦政府大规模发行纸质货币，其价值就会下降。不仅如此，如果国家灭亡，纸质货币就会变成废纸。特别是蒙古的贵族们，他们更加喜爱用纸币兑换回市面上的银锭，他们还更为偏好将白银作为礼物来赠送或进行交易，这些都促使他们对贵金属更为青睐。

中国商人不顾台风的危险，冒险航海驶向日本博多港的原因到这里就基本明晰了。交钞的使用虽然得到了普及，但其价值却在日渐降低，中国南部地区的商人与日本进行的交易从某种意义上来说是一种套利行为。日本学者加藤繁曾解释说：“13 世纪下半叶，在日本 1 两黄金的价格是 630 文，而在中国 1 两黄金的价格却达到了 4 万文，这其中的差异是巨大的。通过交易，中国的商人能够以低廉的价格买入黄金，日本则能够补充经济上所需的货币，这也属于一种双赢的交易。”

深度阅读

现存最早的纸质货币是什么样的？

元世祖孛儿只斤·忽必烈发行的纸币交钞使用桑皮纸（以桑树外皮为材料制成的具有韧性的纸张）印制，流通过程中由于容易磨损而变为昏钞。百姓可以将昏钞拿到官库换取新的纸币，政府 1 贯钱收取 30% 的工墨费用。

下方是至元宝钞的图片，在至元宝钞的下端有如下内容：

尚书省奏准印造至元宝钞，宣课差发内，并行收受。不限年月，诸路通行。宝钞库子攒司，印造库子攒司。伪造者处死。

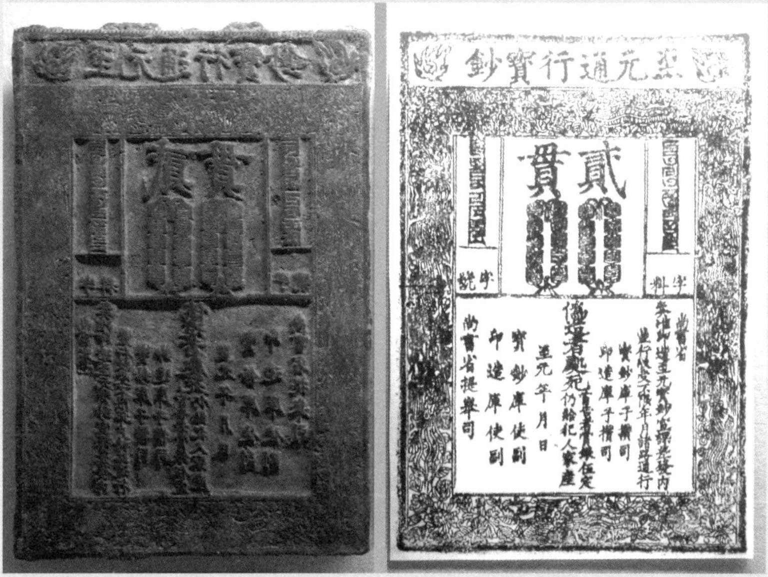

元朝时期发行的交钞及印钞模板

深度阅读

日本通往中国的硫黄之路

宋朝时期中国向日本出口的主要商品有宋钱、生丝、瓷器。那么，日本向中国出口些什么呢？日本向中国出口的主要商品之一就是从九州岛南部的火山岛开采的硫黄（日本的矿业技术飞速发展是在16世纪中期，因此宋朝时期黄金很难成为主要出口商品）。

当时中国进口的硫黄主要用在以下三方面，因此对日本的产硫黄的需求量在不断增高。

（1）火把；

（2）药品；

（3）火药原料。

火把利用的是硫黄的生火作用（现在硫黄仍然是制作火柴的主要原材料），中药以及农药会将硫黄作为原材料。硫作为人体必需的元素之一，具有杀菌的功效。

在当时，比起（1）和（2），（3）对硫黄的需求量更高。硫黄的主要用途就是制作火药。南宋时期撰写而成的宁波地方志《宝庆四明志》第六卷、《开庆四明续志》第八卷中就记载了中国从日本进口的主要商品是硫黄。南宋官员包恢的文集《敝帚稿略》中就曾写到中国从日本进口硫黄用于军事活动。考虑到13世纪的状况，日本产的硫黄大量出口到中国，最主要的原因是中国火药武器的快速发展导致对硫黄的需求量增加。

当时的中国之所以从日本进口硫黄，最直接的原因就在于中国本土的硫黄产量非常低。很久以来人们使用的都是火山活动产生的，经过结晶之后得到的纯天然硫黄。在中国，纯天然硫黄的生产地区主要有东北、西藏、云南等，这些地区大部分都不在宋朝版图内，且距离都比较远。

与之相反，火药的另一种必备原料硝石在中国的产量却非常丰富。根据明末的产业技术书籍《天工开物》下卷《硝石》的记载，硝石的主要产地在四川、山西、山东等地。所以，在16世纪，当日本掌握了火药制作技术之后，中国产的硝石就成了日本的主要进口商品。

这里需要补充一点的是，需要日本的硫黄的不仅仅只有中国。《朝鲜王朝实录》中的《成宗实录》七十五卷八年（1477年）一月有如下记载：

知事姜希孟呈报："火药库存虽有石硫黄二十三万七千斤，硝石四万斤，如今倭人不再进献，日后定有用尽之时。"

由此可见，这些储备起来的硫黄均归中央政府所有，作为火药的原材料，朝鲜王朝在非战时状态也储备有大约 142 吨。

至少截至 16 世纪，在东亚的海域上宋钱与硫黄的贸易往来依旧是繁荣的。对于这一现象的描述，山内晋次所著《宋日贸易与“硫黄之路”》一书的题目再形象不过了。

深度阅读

汉武帝远征西域是因为通货紧缩？

汉武帝（公元前 141—前 87 年在位）既是一个幸运儿又是一个生活在充满“危机”的时代的人。他从伟大的先帝那里继承了装满宝物和粮食的仓库，但同时他所处的时代也存在着严重的通货紧缩。

汉武帝时期的通货紧缩是由于恢复生产力而造成的。汉文帝（公元前 180—前 157 年在位）时期的粮食价格是汉朝初期的 1/500。这也意味着钱的相对价值是原来的 500 倍。粮食价格之所以会下降是由于在长期的安定环境之下那些被遗弃的土地重新被开垦出来，粮食产量大增，而铜钱的生产量却没有相应增加（鼠疫大流行时期的欧洲也发生了类似的情况。本书将在第二章中对此作详细叙述）。

也许有部分读者会产生疑问：“粮食价格下降又能怎么样呢？”粮食价格的急剧下降会造成占人口大多数的农民们的生活陷入困境。一旦在粮食价格下降的情况下再发生传染病或自然灾害，农民们的生活很可能会在顷刻之间面临彻底崩溃的危险。无法偿还债务的农民们被逼无奈只好抛弃自己的土地而成为大地主的佃农或商人的下人。这和公元 2 世纪在罗马发生的情况极为相似。

一次性解决了所有这些问题的人物正是汉武帝。匈奴从春秋战国时期开始就一直威胁着中原地区。汉武帝针对匈奴展开大规模的反击战，一举消除了经济通货紧缩的危险。可能已经有读者意识到，前近代社会中战争频发不仅是因为一方想要掠夺另一方的财物，发动战争的目的很大程度上还在于解决经济上长期以来存在的通货紧缩的危险。当时的统治者认为，与其去直接处理实体并不清晰的经济紧缩问题，不如去发动可控的、目的明确的战争，从政治角度来看，这反而是更理想的选择。国库亏空时发动激烈的战争，如果战胜，自然能够解决面临的各种问题；如果战败，就要付出失去领土的代价，甚至灭亡。但即便如此，与农民起义可能会造成的实际危害相比，这仍然是更好的选择。

读到这里可能有不少读者会产生疑问："发动战争怎么能够解决通货紧缩问题呢？"为了解答这个疑问，我们举一个隋炀帝（604—618 年在位）率领 100 万大军进攻高句丽的例子。当然，人数多达 100 万的大军直接到达高句丽是困难的。但我们有必要思考的是这个数字所包含的实际问题，往人口稀少的边疆地区派遣数量庞大的部队需要大量的运输兵力加以辅助，而且包括大运河在内的多种社会间接资本的维护也需要动用大量人力。

战争会让无数的年轻人背井离乡，导致农村劳动力变得不足，军粮支出的增加使得粮食储备迅速减少甚至匮乏，粮食等生活必需品的价格将上升。当然，汉武帝并非是了解了这些经济原理才发动的战争，但无论怎样，最终粮食价格的重新上升让汉朝迎来了复兴。

货币供应影响经济周期!

在第一章中我们了解了与新安宝藏船息息相关的前人们的生活。无论过去还是现在，人类都与钱紧密联系在一起，财富匮乏会出现问题，财富丰足同样会出现问题。在此，我们将通货紧缩与通货膨胀进行一下梳理。通货紧缩可能会出现大米、丝绸等物品的价格下跌的现象，而通货膨胀则指的是钱的价值持续下跌的现象。

比如南宋初期，孝宗印制新的纸币会子之前出现的现象就是通货紧缩。我们可以假设一下，保有大部分货币的都城开封被金军占领后，如果连仅有的铜矿也枯竭了，那么金、银等贵金属也会随之告罄。大米、丝绸等这些曾经依赖银或铜钱来交易的核心商品的价格将持续下跌，如果未来的商品价格仍继续下跌，那么会发生什么事呢?

是的。经济将会倒退回实物货币阶段。而且显而易见的是，预计日后会继续升值的金、银、铜钱将统统进入富人们的保险箱内，无可奈何之下，丝绸、大米将成为货币的替代支付手段。当然，贸易往来并不是一定就会彻底中断。但如同前面所提到过的，实物货币存在三个方面的缺点：即与金属货币相比质量较重；容易受其他因素影响，如季节更替会发生价格动荡；为避免收到品质粗劣的商品货币，每次需要重新定价。这些问题将会导致贸易往来不如从前那般活跃。

也许有人会认为贸易往来变得困难不是什么问题，但在现实社会当中，贸易越来越不景气必然会使打算专业从事某种职业的人数不断减少。为什么会这样呢？这是因为“市场规模决定分工”。

为了理解这一问题，我们来假想一个位于中国南部地区的、农业活动主要是种植大米的农村，我们来假设这里的每户家庭都是独立的，粮食、衣服、耕作所需的农业器具等都可以依靠纯手工来制作和修理。如果由某一户家庭专门来制作衣服，其隔壁人家专注于生产粮食，其对面的家庭主要从事修建住宅，这些各方面的专业从业者不就能够负责整个村子的衣服、粮食及住宅所需了吗？进一步来说，生产者会逐渐变得更加专业化，与之前相比能够花费更少的时间来制造更多的物品，人们的生活水平也将逐步提高。

但是像南宋初期，在贸易往来萎缩且出现通货紧缩的情况下，分工是困难的。因为货币供应的减少让人们意识到大米、衣服等生活必需品的价格将继续下跌，加之贸易往来变得艰难，人们会倾向于将消费需求降至最低。这会导致专门制作衣服或农业器具的家庭稍不留神就要承担所有的过剩库存，面临破产的威胁。最终便不再有人想要专注于从事全新的事业，特别是在从别人手中借钱变得越来越难的情况下，整体经济将会陷入长期停滞当中。

前近代社会还没有中央银行，一旦陷入通货紧缩的危机之中就很难找到合适的解决方案。政府最先想到的对策就是铸造更多的货币，但在很难寻求到铜、银的环境下这种方法难以实施。那么最终能选择的方案就是要么发动战争，把产生于内部的不满转移到外部，要么就像南宋发行会子一样，创造出划时代的“信用货币”。

当然，纸币体系并非完美无缺。元朝末期，政府为了填补资金来源的短缺而大肆印发纸币，最终导致了通货膨胀。原本 1 贯中统元宝交钞的价值是半两白银，如果突然降至 1/10 两或更低，必然会引发经济混乱。所有人为了抢丝绸、银、大米等实物资产而争红了眼，这又会进一步导致纸币价值降低，从而形成恶性循环。

如上所述，经济发展的重要判断标准就是物价是升还是降。发生通货紧缩时，人民生活水平整体变得更为艰辛，经济可能陷入长期低迷的深渊之中；发生通货膨胀时，商品价格剧烈变动，激进投机的经济行为出现的可能性将会提高。

针对物价与货币的关系我们就讨论到这里，在第二章我们将具体来讨论一下传染病对经济会造成怎样的影响。近来全世界都在遭受着新冠肺炎疫情的困扰，希望下一章内容能够给大家带来一些启发。

The History Of Money

第二章

传染病蔓延时，经济会发生怎样的变化？

欧洲人为何前往埃尔多拉多？

01

The History of money

不知道你有没有听说过弗朗西斯科·皮萨罗（Francisco Pizarro）？他是一位西班牙军人，曾在1532年11月16日击败印加帝国8万大军并俘获了阿塔瓦尔帕（Atahualpa）皇帝。皮萨罗在当时仅率领了不到200名士兵，却创造了历史性的胜利。面对如此悬殊的兵力差距却能一举获胜简直是超乎想象的。不妨设想一下，率军突击比自己的军队多出近400倍的敌人，这怎么可能实现呢?

那么皮萨罗究竟为什么要进行如此冒险的战斗呢？就是出于对黄金的渴望。他俘获印加帝国的皇帝阿塔瓦尔帕后，最先提出的要求就是要对方用黄金来进行交换。当他获得了用宽6.7米、长5.2米、高2.4米的容器装载的黄金之后却违背约定处死了阿塔瓦尔帕皇帝。

直到20世纪，仍有无数人为了寻找位于亚马逊的黄金国埃尔多拉多（El Dorado）在进行着探险。有关埃尔多拉多的由来存在着这样的说法：哥伦比亚的瓜塔维塔湖地区生活着一个叫作穆伊斯卡的部落，部落举行即位仪式时，统治者要周身涂满黄金粉末并乘坐木筏到湖中央投入黄金与宝藏进行祭祀。实际上，人们的确在 1969 年发现了穆伊斯卡的黄金木筏，由此也证实了有关埃尔多拉多的传说中有一部分是真实的。

在地理大发现时代，欧洲人为什么参与到了这场冒险中呢？那是因为对于作为支付手段的黄金和白银等贵金属的需求大幅上升的缘故。当时的欧洲受鼠疫的影响人口减少了 33%—50%，经济方面也发生了巨大的变化，这导致了贵金属价格的上涨。在此可能会有不少读者存在以下的疑惑：

传染病怎么会导致人口减少过半？人口的减少和贵金属价格的上涨存在什么关系呢？

我们先来解决第一个问题。当细菌（病毒）刚刚进入某一群体中时，人们尚不具备针对这一细菌（病毒）的抵抗力，因此会在各个年龄层次引发急性病。就如同近来新冠病毒在社会各个年龄层次迅速扩散一般。但当前的新冠肺炎疫情与 14 世纪欧洲鼠疫大流行之间存在着关键性的不同之处，那就是生活水平与公共卫生防疫系统方面的差异。

14 世纪的欧洲鼠疫始于 1346 年，先是从位于俄罗斯南部顿河下游的贸易城市卡法（Tana）蔓延开来。1347 年初鼠疫席卷了君

14 世纪比利时手抄本上绘制的图画，描绘的是搬运并埋葬鼠疫患者尸体的情景

士坦丁堡，1348 年春天又传染到了法国和北非。当传染病快速扩散之时，应最先着手做的事情是什么呢？是对由海外驶入的船只进行检疫。如果没有合适的检疫手段，最好是命令船只在海上停靠 2—3 周的时间。一旦传染病开始蔓延，则应该采取一系列措施，包括减少人与人之间的接触，对患者进行隔离等。但是在 1348 年年中，英国爱德华三世却嘱托坎特伯雷大主教来主持祷告会并将下面的书信在教徒们的面前进行了朗读。

由东部流行起来的鼠疫之灾已传染至周边王国，如果不能胸怀诚意时时刻刻进行祈祷，则病魔之手必将触及这里，从而引发灾难，夺走人们的性命。

面临着可怕的传染病，人们可能会产生依靠神明之心，但如此大规模的祷告会反而加速了病毒的传播。正如新冠肺炎疫情时期，以一部分韩国教会为中心，病毒快速扩散一般，人们越是聚集在一起越容易造成传染病的大规模传播。当时欧洲的人们无从了解病毒传染的过程，人们甚至认为是猫受到了女巫的唆使将传染病四处扩散，因此还发生了猫被大量屠杀的事件。人们没有任何办法阻挡传染病的扩散。以当时人口普查最精确的英国的统计数据来看，自鼠疫开始传播以来，欧洲人口在 100 年间从 577 万人降至 227 万人。

人口的快速减少必然会使经济遭受巨大冲击，而我们有必要认识到的一点是中世纪的欧洲与现在的欧洲几乎处于两种截然不同的社会状态。当时欧洲 90% 以上的人口都从事农业，主要栽培的是小麦、黑麦等生产效率低下的作物，社会尚处在较落后的阶段。从收获量与播种量之比来看，西欧大部分地区只能达到 4—6。而一旦遇上灾年，比率将降至 3 以下，这样一来人们将会面临饥荒。

不少历史学者指出，到 13 世纪末，欧洲此前一直持续进行的山林砍伐中断了，这意味着人口密集地区的山已经全部成了荒山。当无法继续通过砍伐山林来获得新的土地时，人们开始将草场、荒地、草原都转化为耕地。这导致人们饲养的家畜数量以及肉类和牛奶的供应量均有所减少。不仅如此，由于家畜数量减少导致用家畜的排泄物制成的肥料供应不足，进一步造成土地养分的缺乏，欧洲地区开始出现一系列的恶性循环现象。其实在鼠疫来袭之前，欧洲已经逐步陷入了危机状态之中。

具有讽刺意味的是，鼠疫反而一举解决了上述这些问题。随着人口的减少，人均耕地面积大幅增加，那些没有继承人的死亡者所拥有的土地及财产由其亲戚继承，这种情况的增多使得西欧的封建农奴制迅速瓦解。封建农奴制指的是，农民为获得耕地的使用权，被迫为以贵族和教会为首的领主提供沉重的劳役，通常为每周三次，是具有强大约束力的制度。这是当独立的农民势力减弱时出现的一种封闭的经济体系。而鼠疫则动摇了封建制成立的条件。鼠疫造成了相当数量的贵族阶级的死亡，随着无主之地的增加，农奴轻而易举就能寻找到可以独立耕种的土地。教会权力的削弱也造成了巨大的影响。如同薄伽丘的小说《十日谈》中直白的描述一样，这是一个“神父和农奴都一模一样倒下来的世界”，教会的控制力已不可同日而语。

遭受鼠疫的冲击之后，西欧国家的人均生活水平开始得到迅速改善。以英国为例来看，人均收入水平（将 1860 年的人均收入水平换算为 100）从 1310 年的 43 增长到 1450 年的 87，达到原来的 2 倍之多。这是因为人们在不适合耕种的土地上饲养家畜，在肥沃的土地上进行耕种，农户的收入得到了快速增长。

虽然生活质量得到了改善，但是人口增长速度却极为迟缓。这都是由于 14 世纪六七十年代流行的鼠疫导致的持续性人口减少的压力所造成的。相对而言，对鼠疫抵抗力较强的人存活了下来并且生活水平也有所改善，随后欧洲人口逐渐开始增加，但如果想恢复至以前的水平则需要 4—5 代人，也就是 100—130 年左右的漫长岁月。

人口减少及人均粮食产量增加造成粮食价格下降，这一显著趋势进一步促使了贵金属的海外出口。人均收入增加后最先出现的现象就是“食品消费比重减少”，即恩格尔系数降低。与之前相比虽然生活质量提高了，但一天只吃 3 块面包的人不可能吃得下 10 块面包，食品消费占整体消费的比重降低是理所当然的。也就是说，恩格尔系数的下降意味着整个社会变得更为富有了。社会变得更加富有，人们对于奢侈品的消费需求肯定会有所上升。

当今的奢侈品包括高档汽车、名牌箱包等，而在 15 世纪的欧洲，最为珍贵的却是胡椒和白糖。这两样奢侈品均不产于欧洲，而且通过穆斯林商人在亚洲进口时还要增加高额的流通费用。如果穆斯林商人愿意接受用欧洲生产的钟表和毛织品与胡椒和白糖进行交换是再理想不过的，但是他们所需的是黄金及白银这类贵金属，这就加速了欧洲贵金属的海外出口，这种情况给整体经济带来了通货紧缩的压力。黄金与白银等贵金属的价格在上升，而农产品及毛织品等消费品的价格却在下降。根据学者们的研究可知，1400 年至 1500 年间西欧整体消费品的价格下降了 20%—50%。

长期持续的通货紧缩造成了欧洲的经济倒退回了物物交换的

阶段。当人们意识到黄金、白银等贵金属的价格将不断上升之时，市场中自然也就遍寻不到贵金属的踪影了。加之市场中还会时不时地出现以品质低劣或伪造的货币进行交易的情况，贸易往来更是不断萎缩，这一切引发了恶性循环。

西方人对于黄金，准确来说，对于这一能够用来交换东方贵重商品的交易手段是无比饥渴的。然而，1453 年，由于奥斯曼帝国的苏丹穆罕默德二世占领了东罗马帝国的首都君士坦丁堡，地中海东边的通路被隔断了。当时有相当数量的热那亚及威尼斯的商人们直到君士坦丁堡陷落的最后一刻仍在抗争，花费数百年才开辟出来的中间贸易据点即将失守，面对这种状况他们心急如焚。虽然通过君士坦丁堡南侧的“埃及—红海”路线也能够获得来自亚洲的物品，然而较之从前，通道的改变不仅使得交易量有所下降而且物品价格也在加速上涨。

黄金流向海外的同时，富裕阶层对黄金的储备需求也在增加，这样一来国内流通的黄金数量就会不断减少。听到这里可能会有人产生这样的疑问：

既然黄金如此短缺，那么投资开发金矿不就行了吗？

然而这一选择其实并不容易。罗马帝国时期，人们花了数百年开发金属矿山，能够开发出新的金矿的可能性已经变得十分渺

罗马帝国最大的露天金矿拉斯梅德拉斯，面积高达 1 000 公顷

茫了。罗马开发出的最为有名的矿山就是位于伊比利亚半岛西北部的拉斯梅德拉斯（Las Médulas），这座矿山可谓是罗马先进的土木技术的战利品。拉斯梅德拉斯含有丰富的金矿石，但由于埋藏在矿山深处，因此开采起来难度颇大。罗马人为了使金脉呈现出来，发明出了独具创新性的水压开采方式。这类似于现在美国的页岩油生产企业使用强力的水炮提取油的方式。在埋藏有黄金的山的顶峰筑造一个巨大的人工蓄水池，在山体内部按照一定的间隔，一层一层打通隧道分散地表的压力，使蓄水池中的水一次性倾泻而出造成山体倒塌。由于山体各处有隧道打通，因此水能够渗入

山体深处，这样一来金矿石就会露出地表。罗马人利用这个办法在250年间开采出了多达500吨的黄金。

从上述例子中可以看出，欧洲地表显露出金脉及银脉的地方都已完成了开发，如果想进一步开采出黄金就需要长时间、大规模的投资。因此相对于投资开发新的金矿，欧洲人将目光转移到了海外。就连以前不曾尝试过冒险性投资的人也都深受诱惑，对前往海外开始蠢蠢欲动起来。

当然，并不是任何人都适合闯入这个游戏的，在这场竞争中独占鳌头的是伊比利亚半岛的两个国家——葡萄牙和西班牙。如同我们在弗朗西斯科·皮萨罗的例子中所看到的那样，经历过长期的争战，葡萄牙和西班牙拥有着训练有素的军队，又因为它们面朝大西洋，相对而言在掌握远洋航海技术方面也更加具备优势。

在下一节中我们将把欧洲人发现美洲大陆与历史上几次重要的传染病大流行相结合，来看看这一发现带来了怎样的变化。事情总是在意想不到之处存在着千丝万缕的关联，而这种种关联往往会令人大吃一惊。

深度阅读

过去 1 000 年间英国的物价趋势

图 2-1 所展示的是 1 200 年以后英国消费品价格的变化趋势，14 世纪后期消费品价格到达顶峰，随后直到 16 世纪一直呈现缓缓下降的趋势。在历史学界这被称作“文艺复兴时期的物价均衡期”（Renaissance Equilibrium），鼠疫的出现在这一漫长的发展过程中产生了巨大的影响。1500 年前后，西班牙和葡萄牙从海外带来了大量贵金属，长期的通货紧缩结束后，所谓的“物价革命”（Price Revolution）时代开始了。

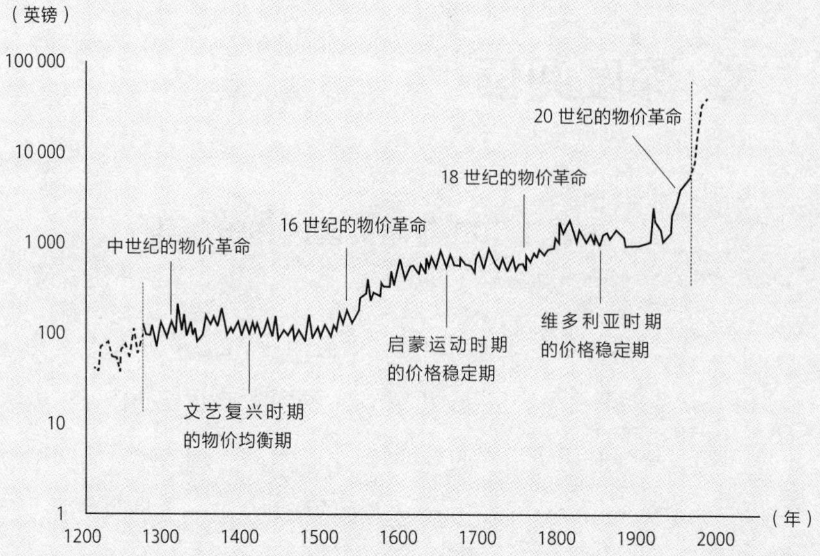

图 2-1　1200—2000 年英国消费品价格趋势

数据来源：David Hackett Fischer(1996)

随风而逝的是什么？

02

The History of money

近来有一则新闻十分耐人寻味。2020 年 6 月 10 日，美国流媒体平台 HBOMax 从片库中下架了 1939 年上映的电影《乱世佳人》。这部影片曾在 1940 年的奥斯卡金像奖评选中荣获了包括最佳影片、最佳导演在内的 9 项大奖。这部经典影片被下架着实令人震惊。

然而，如果你读过影片的原著，1936 年由玛格丽特·米切尔创作的小说《飘》，可能会感到影片被下架并非毫无缘由。虽然影片中省略了很多内容，但原著的字里行间却体现出对奴隶制的拥护，同时小说中非常明确地表现出对为了维护奴隶制而发动战争的南部同盟的支持。与此同时，小说中还出现了一些歪曲历史事实的描写，比如获得自由后的黑人像主人一样高高在上地对待南方的白人，黑人夺走了地主的土地等。

从最近发生的由于警察过度使用暴力致使乔治·弗洛伊德死亡的事件可以看出，南北战争以后的美国社会中黑人在社会、经济方面仍处于弱势。如果依照原本的计划，奴隶制被废除后，黑人也应当被赋予参政权。获得自由后，奴隶应当获取 16 万平方米

《乱世佳人》以南北战争期间实施奴隶制的南方佐治亚州为背景，讲述了农场主的女儿斯嘉丽·奥哈拉（费雯·丽饰）的人生故事。图片为电影中的一个场景

的宽阔土地和一头骡子。然而 1865 年，林肯总统遭遇暗杀后南方出身的安德鲁·约翰逊（Andrew Johnson，1865—1868 年担任总统）继任总统并搁置了这一计划，致使土地再分配并未得以实现。

黑人无法接受像样的教育，即便南方在维持白人的社会、经济基础的前提下表面上实现了奴隶解放，奴隶们真的就能过上自由的生活了吗？南北战争后南方各个州均开始实施“黑人法典”，直到 1960 年民权运动兴起，这些法规沿用了近百年的时间。1962 年最高法院确立了“一人一票”的原则，在这之前黑人的投票权都是受到限制的。

由此看来，美国的黑人们寻求到真正的自由也不过才五十余年而已。因此，我对于电影《乱世佳人》的下架并不感到惋惜。在这儿提到它是为了引出下面这个问题，并对提高黑人地位表示支持。

黑人到底是为什么会被掳来美洲大陆，并历经充满磨难的漫长岁月？

原因就在于传染病和白糖。

15 世纪末到 16 世纪，欧洲人为了寻求贵金属迁徙到美洲大陆，这一事件在人类历史上造成了罕见的悲惨结局。学者们的研究虽然不尽相同，不过据推断 16 世纪大约有 90% 的墨西哥和秘鲁的原住民都失去了生命。

征服战争中获胜的欧洲人获得了新的土地、新的矿山，却寻找不到能够在矿山劳动的人。从欧洲迁移至美洲大陆的人中相当一部分人是雇佣兵，而美洲的原住民几乎都惨遭屠杀。因此唯一的办法就是进口能够在矿山上工作的奴隶。

近来阿西尔德 · J. 布尔金等研究者在墨西哥发掘出的尸体的肠胃中成功地找到了证据，证实了 16 世纪中叶在墨西哥流行的传染病“Cocoliztli”是由源自欧洲的有致命性的沙门氏菌所引发的。1540 年墨西哥的原住民人数为 2 500 万，一个世纪后却减少到了

100 万，人口减少的直接原因是西班牙和葡萄牙侵略者的大规模屠杀，然而还有一点也毋庸置疑，那就是入侵者带来的病菌给美洲大陆的原住民造成了致命的伤害。

矿山及种植园严苛的劳动条件也是造成原住民死亡率升高的原因之一。这里所说的种植园，指的是像工厂一样集中生产单一品种的大农场。当时聚集在美洲的西方人虎视眈眈地盯着两样东西：一样是黄金，另一样是白糖。有关黄金，我在《金钱何以改变世界：换个角度看历史》一书中已经详细谈论过了，这里将针对白糖来进行探讨。

多亏了印度人我们才知道，东南亚新几内亚岛上生长的植物——甘蔗能被制作成我们所熟悉的白糖。印度出产的白糖经由穆斯林商人们的中转贸易，最终成了欧洲最珍贵的人气商品。为白糖的口感而深深着迷的欧洲人想尽一切办法要制出白糖，但甘蔗是生长在热带地区的植物，在欧洲不具备生长环境。因此，欧洲人开始寻找适宜栽培甘蔗的最佳地点，最终他们涌到了古巴和牙买加等位于加勒比海的各个岛屿（以下称为“西印度群岛”）。

白糖是甘蔗在被砍伐后，趁其内部甜美的成分凝固之前将其迅速煮沸并提炼而得来的。仅是这三言两语描述出的制作过程就足以令人感受到制造白糖有多么艰辛。甘蔗的生长周期长达9个月，农闲期不长也是劳动强度高的重要因素。被拖往西印度群岛甘蔗种植园的美洲原住民受不了高强度的劳动而纷纷累倒，特别是 16

世纪末前后由欧洲（或非洲）传入的疟疾导致原住民死亡率的进一步上升。美洲原住民不具备抵御疟疾的遗传基因，面对新型的疾病他们毫无抵抗力。

这里对疟疾再稍作一些补充，尽管自从20世纪50年代起不少国家就掀起了根除疟疾的浪潮，但由疟疾造成的苦痛却并未减少。每年全球由于疟疾而丧生的人数超过75万，而在这些人当中绝大多数是不满5岁的儿童。每年有2.25亿人口感染疟疾，而一旦感染，即便是使用现代医疗技术加以治疗仍然会使患者遭受长达数月的痛苦。以非洲为例，在那里疟疾是长期存在的疾病，不少学者指出这种疾病是经济发展道路上的绊脚石。部分学者推断，在过去的20年间大约有1 500万人的生命是被疟疾的传播媒介蚊子夺走的，可见蚊子的危害性极大。

最终，对于想要经营甘蔗种植园的欧洲人来说，留给他们的只剩下一个选择，那就是进口对疟疾具有免疫力的、出生于西非的黑人奴隶，然后让他们在种植园进行劳动。当然，并非只有西非人对疟疾具有先天性的免疫力，只不过相较其他地区的人西非人拥有较强的对抗这种疾病的优势。

当然，还有一种方法是从欧洲招募价格低廉的劳动力，不过采用这种方法将面临两方面的问题：其一是一旦合约期结束这一类劳动者就会离开农场，或者极有可能变身成为新的竞争者；其二是疟疾日益猖獗，欧洲劳动者的健康终归无法逃脱每况愈下的

在甘蔗种植园工作的黑人奴隶

趋势。

最后，大批的黑人奴隶从西印度群岛被带到整个美洲大陆。不同学者的推测略有差异，不过根据保罗·洛夫乔伊对这段历史的相关研究可知，1451—1867 年间大约有 977.8 万名非洲人先后来到了美洲大陆。同一时期，欧洲移民的规模仅为 340 万，也就是说来到美洲的非洲人与欧洲人的比例大约是 3 比 1。而目前美国的黑人数量大约占整体人口数的 9% 左右，这就是残忍的奴隶劳动制所造成的结果。农场主们不分昼夜地使唤花重金买回的黑人奴隶，正因如此，黑人奴隶夫妻们很难能够生育出健康的子女。

电影《乱世佳人》中出现的美丽的塔拉庄园就是一座典型的农场主住宅，这座庄园当初就是为了免遭疟疾威胁而建造的。这里远离蚊虫密布的水洼，建在凉爽的高地，家中的窗户宽敞硕大。这座庄园原原本本地揭示出农场主们的真实面目，在远离深陷疟疾威胁之中的黑人奴隶的住所的地方，农场主们享受着惬意的生活。

19 世纪中叶，北方军队在南北战争中取得了胜利，在包括英国在内的欧洲大部分国家，奴隶买卖成了非法行为，《乱世佳人》中的情景也逐渐消失了。除了非洲黑人奴隶，爱尔兰人也遭到了不公正的待遇。

为什么爱尔兰人在北美被叫作“White Nigger”，也就是“白黑人”这一带有侮辱性的称呼，我们将在第二章第三节一探究竟。

深度阅读

“枪炮、病菌、钢铁”改变了英国殖民地的命运

为什么北美洲和拉丁美洲的发展模式会大相径庭，可能你也心存疑惑。有的人将原因归结于统治者的不同。北美洲曾是英国的殖民地，而拉丁美洲则曾是西班牙和葡萄牙的殖民地。然而这种主张却存在着漏洞，那就是西印度群岛的巴巴多斯和牙买加等地也曾属于英国的殖民地。虽然同样是英国的殖民地，北美却发展成了世界领先的发达地区，而巴巴多斯和牙买加却变成了贫穷的国家，这其中的原因究竟是什么呢？

人们针对这其中的原因各抒己见，我从近年美国麻省理工大学教授阿西莫格鲁等出版的一本饶有趣味的书《国家为什么会失败》当中得到了启发。这本书的作者关注到在英属北美殖民地，黑人奴隶占总人口的比例只有 10%—20%，而西印度群岛的黑人人口比重却占到 90%。也就是说，作者认为大部分英国人迁徙的目的地北美是以自耕农为主的地区，而欧洲人根据自身需求在西印度群岛采取了另一种体系，所以经济发展的路径才会有所不同。

那么为什么黑人奴隶人口在北美仅占 10%—20% 呢？这是因为疟疾和甘蔗。在一个一方面需要有人进行艰苦劳作，另一方面

患疟疾等热带性疾病风险较高的地区，使唤奴隶是最为便利的。但北美的大部分地区冬季气温较低，不适合甘蔗的栽培，同时也不利于蚊子的繁殖。因此，在北美地区雇用欧洲价格低廉的契约劳工（contract migrant worker，签署合约确保其直到偿还清横跨大西洋时所花的费用为止，一直以工人的身份工作的劳动者）则更加有利。

当然，这些人在合约到期后则会离开农场朝西迁移并成为自主拥有农场的新自耕农，如果当他们认为有人侵犯了自身的权益时，便会义无反顾地举起火绳枪，他们在任何时候都保持着奋起的姿态，以拥有民主权利的公民的身份来行事。1776 年北美殖民地的人们脱离英国成立独立的国家，也正是在这样的背景下发生的。

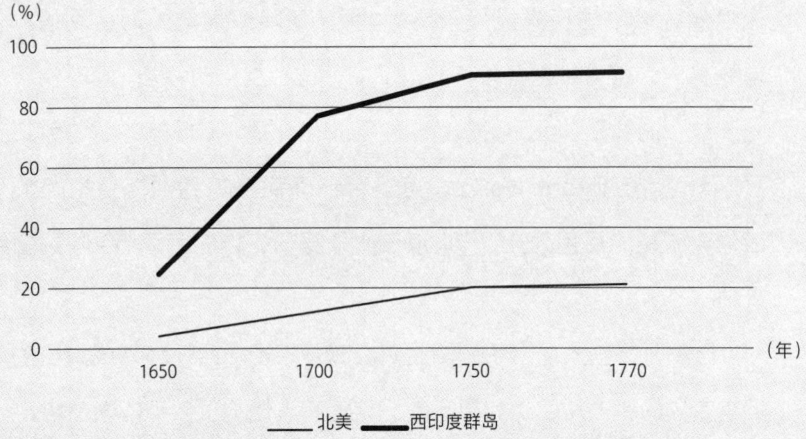

图 2-2　1650—1770 年间英属北美殖民地和西印度群岛的黑人人口比重变化

数据来源：로널드 핀들레이 , 케빈 H. 오루크 (2015), "권력과 부"

爱尔兰人为何
如此爱戴肯尼迪总统？

03
The History of money

如果让人们从美国历届总统中选出最受尊敬的一位，可能大部分人都会选择亚伯拉罕·林肯或乔治·华盛顿。而论及最受欢迎的一位，约翰·肯尼迪一定是最热门的选择之一。肯尼迪总统遭遇暗杀虽然已经过去了将近 60 年，但他仍然时常被人们提起，其中的原因不仅仅在于他是“第二次世界大战后唯一一位被暗杀的总统”，还因为他是美国历史上最年轻的总统之一以及唯一一位信奉天主教的总统。

之所以谈论这么多有关他的事情，正是因为他是一位“White Nigger”，即爱尔兰移民的后代。肯尼迪总统的祖父为了逃离 19 世纪后期发生的“爱尔兰大饥荒”而迁移至美国，他的父亲约瑟夫·肯尼迪依靠走私酒类和投资股票积累了巨额财富。美国的历任总统大多是战争英雄抑或是英国裔名门贵族的后代，而肯尼迪却成了在各个方面都不同以往的美国的象征。

在讲述有关美国爱尔兰裔移民者的故事之前，我们先来看一看 19 世纪中叶爱尔兰处于何种状况之下。当时的爱尔兰是西欧国家

爱尔兰移民者的后代，备受人们欢迎的美国总统约翰·肯尼迪

中最为贫穷的国家之一，长期以来受到英国的统治，大部分的国民没有属于自己的土地，需要将大部分收获的作物都上交给地主们。然而就是在这样的贫困之中，爱尔兰人口却保持着快速增长，17世纪末爱尔兰人口大约为200万，到了18世纪中叶这一数字就增长到了800万以上。

面对经济方面的贫困，爱尔兰仍然保持着较高的出生率，这得益于从美洲大陆引进的全新农作物——土豆。土豆的生产效率极高，以往勉强能够维持一家生计的土地，自从种植土豆以后，甚至连养活分家独立出去的儿子们都绰绰有余。根据 1760 年在英国东部地区进行巡回考察研究的农业学家阿瑟·杨格的调查显示，1 英亩（4 047 平方米）土地的小麦年均产量为 588 千克—680 千克，而同样面积的土地却能够生产 11 605 千克的土豆。在贫困的生活环境当中，土豆可谓是一种不禁令人心生感激之情的粮食。

不仅如此，土豆的营养价值也很高。如果每天食用大约 4.5 千克的土豆，就能够满足人体每天所需的热量以及蛋白质。土豆无法提供的唯一一种人们所需的重要营养成分就是钙，这一点通过搭配牛奶食用就能够解决。

然而灾难却在突然之间降临了。1845 年 9 月 13 日，通过进口海鸟粪（利用鸟类粪便制成的天然肥料）的船舶，马铃薯晚疫病（Phytophthora infestans）被传播至南美洲大陆。随着这种病害的不断扩散，到了 10 月中旬，甚至连总理都将其认定为国家性的灾难。1846 年爱尔兰的土豆的收获量与播种量的比值从原来的 10 下降到了 4。如果长期保持气温在 10℃以上且湿度在 90% 以上的状态将十分有利于马铃薯晚疫病的不断流行，而当时的爱尔兰恰恰处于史上罕见的多雨天气，即所谓的“异常气候”。

促使问题恶化的还有一件事就是当时统治爱尔兰的英国地主们所要求的“农作物出口”。在饥荒最为严重的 1846—1847 年间，爱尔兰的农作物出口量却达到了 43 万吨。爱尔兰民族主义运动首领约翰·米歇尔（John Michell）宣称“英国是大饥荒的始作俑者”。

而英国却对此进行了反驳。英国给出的理由是：要想快速地向交通不发达，特别是铁路运输线路铺设并不健全的地区运送农作物非常困难。

虽然难以判断哪一方的说法更准确，不过从经济方面的角度来看，爱尔兰的农作物流向英国是理所当然的。因为在当时的欧洲，英国的农作物价格是最高的。英国工业革命的正式开始迎来了史上前所未有的一片大好景象，然而议会仍然被拥有大农场的地主阶层掌控着。面对农作物价格的上涨，英国原本可以通过从美洲殖民地或东欧等地购买价格低廉的粮食来应对，但英国议会却仍执行《谷物法》严格禁止从海外进口粮食。造成的结果是每吨小麦的价格从1700 年的 400 英镑左右上升到了 1850 年的 800 英镑以上（并非以前的物价，而是按照 1996 年的物价进行换算的价格）。1846 年不断蔓延的土豆饥荒已经到了难以控制的地步，英国政府这才急忙废除了《谷物法》，然而悲剧已不可挽回。

1846—1847 年冬天，仅在爱尔兰境内就有大约 200 万人丧生。当然这些人也并非全部都是饿死的。历史学家马格力特·克鲁福特指出 1845—1849 年间结核病造成的死亡人数与此前 5 年的数据相比增加了 65%，1847—1849 年间麻疹造成的死亡人数与大饥荒以前相比增长了 2 倍。然而所有这一切都是饥荒导致的悲惨结果。

在这种局面下，人们为了躲避被饿死的命运能做的只有移民。19 世纪有超过 200 万名爱尔兰人踏上了移民美国等新大陆国家的征程，当时的美国土地广阔而人口稀少，因此正积极地吸引移民的到来。根据 1790 年第一次人口普查显示，当时美国的总人口数仅为 420 万，而其中 1/6 也就是 70 万是黑人奴隶。美国为了不断的发展需要积极地吸引大规模的劳动力，这也是经济增长的核心任务。跨越大西洋的航海不仅价格高昂而且充斥着危险，截至 19 世纪初美国的人口并没有大幅增长，人力的不足导致广袤的土地得不到充分的耕作而被荒废。

到了 1850 年，局势出现了两方面的变化，这也是世界经济霸权从英国转移至美国的决定性契机。一方面是由“爱尔兰大饥荒”引发的欧洲境内强大的移民压力，另一方面是运输费用的急剧下降。19 世纪 20 年代蒸汽船的发明使得跨大西洋运输费用开始大幅降低。1860 年前后，运输费用下降至 1820 年的 1/4—1/3 的水平。运输费用的降低带来的结果是仅在 19 世纪 50 年代就有大约 18 万名爱尔兰人移民到了美国，这一趋势一直持续到 20 世纪初。

大量移民的到来促使美国在 19 世纪后期实现了惊人的经济增长。勤劳踏实的爱尔兰人来到这里，让土地得到了有序耕种，富余的农作物通过蒸汽船出口到欧洲，工业化的基础被逐步奠定起来。

能够显现出美国不断发展的最具代表性的例子就是人均国内生产总值的变化。国内生产总值（GDP）指一个国家在一年当中生产的最终生产物的价值总和，美国的人均国内生产总值在 1820 年仅为 1 257 美元，1860 年是 2 178 美元，到了 1890 年则达到了 3 392

美元，这一数值大有赶超英国（4 009 美元）之势。

移民到美国的爱尔兰人的幸福生活并没有随着收入的增长而立刻到来。正如同“White Nigger”这一称呼所显示出的那样，一无所有且未接受过正规教育的爱尔兰裔的人们在美国遭遇到了种种歧视。移民的增加削减了原有居民们的收入，爱尔兰人凭借顽强的生存能力挤进了低收入阶层的居住生活区，这些因素不断加剧着美国人对爱尔兰人的反感。伴随爱尔兰人的大批涌入，美国的平均实际工资从 1872 年到 1912 年的 40 年间上涨了 42%，平均每年的增长率刚超过 1%。而另一方面，同一时期的土地价格却上涨至原来的 175%。在经济不断增长的背景下，对土地无比执着的爱尔兰人一旦有了钱就购买土地，这就导致工资涨幅远远赶不上住宅及农场的价格涨幅，这相当于美国劳动人民变得比以前更加贫困了。这样一来人们自然不可能带着友好的目光去看待爱尔兰裔移民。

综上所述，我们便能够充分理解当约翰·肯尼迪当选美国历史上第一位爱尔兰裔总统时，为什么会有那么多人欢欣鼓舞。爱尔兰人在美国开创全盛时期的道路上贡献了无可替代的力量，而这份功劳得到认可却花费了将近 100 年的漫长岁月。

在接下来的第四节中我们将要探讨一番被称作“White Nigger”的爱尔兰人在遭遇西班牙流感这一历史性事件时是如何应对的。看似毫无联系的事件其实却存在着密切的关联性，我们在第四节中将再次切实地体会到这个世界的复杂性。

深度阅读

跨大西洋货物运输费用降低了多少？

很多学者都曾针对蒸汽船及火车的发明给经济发展带来的影响进行过研究，特别是诺贝尔经济学奖获得者罗伯特·福格尔（Robert Fogel），曾发表过一篇具有重要意义的论文。在这篇论文中他指出铁路对美国经济发展做出的贡献连 2% 都不到，而海运（及河运）却做出了决定性的贡献。整个美国境内有 76% 的地区都能够以水路的形式抵达，因此运河建设事业得到了非常积极的推进，这也是罗布特·福格尔提出此观点的依据。

但运河运输也存在着一些问题，比如不刮风的日子从下游往上游运送货物非常艰难，在运河上修建多个闸门等设施需要投入大量费用。而蒸汽船的出现一举解决了这些问题。随着蒸汽船的普及，1900 年煤的运输费用几乎降到了 1800 年的 1/8 水平，就连贫穷的爱尔兰人也能够借助蒸汽船横跨大西洋开拓全新的生活了。

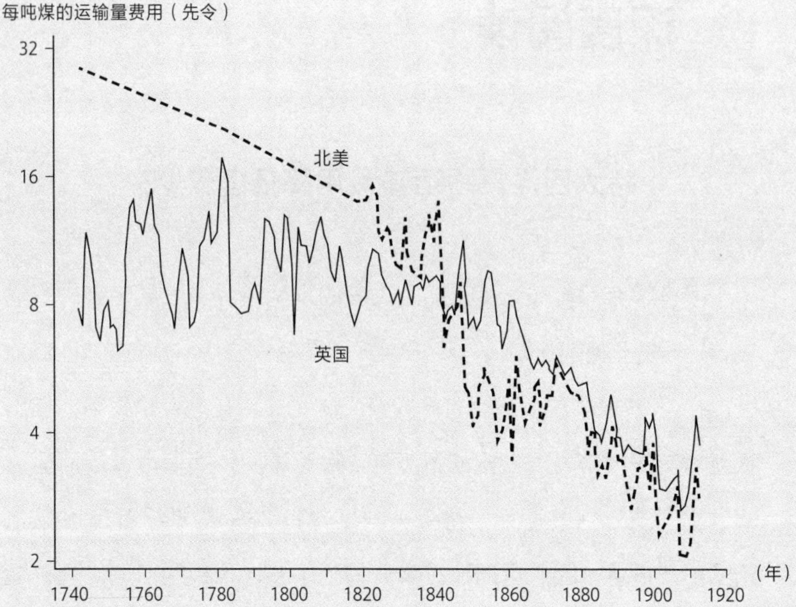

图 2-3　煤的跨大西洋运输费用（1913 年 =100）

数据来源：C. Knick Harley(1988)，“Ocean Freight Rates and Productivity, 1740–1913: The Primacy of Mechanical Invention Reaffirmed”，The Journal of Economic History，Vol. 48， No. 4

深度阅读

印加人如何应对“马铃薯晚疫病”？

马铃薯晚疫病通过从秘鲁地区进口的海鸟粪（在南美洲西海岸收集的鸟的粪便，由于磷含量丰富，常被作为肥料出口到各地）扩散至整个欧洲地区。可能会有不少读者产生这样的疑问：

现在生活在安第斯山脉地区的人们仍然以土豆为主食，他们是怎样应对马铃薯晚疫病的呢？

安第斯山脉地区栽培出的不同种类的土豆
参见：国际马铃薯中心（International Potato Center）

这都得益于栽培种类的多样化。针对安第斯山脉地区所栽培的土豆进行调查研究的学者们一致认为这里是“全世界土豆栽培种类最为多样化的地区”。安第斯山脉的土豆在适应从 3 400 米到 4 900 米不同的海拔高度的过程中产生了不同的变种。

尽管安第斯山脉的农民深知耕种单一品种能够获得更高的产量，然而他们也清楚种植单一品种一旦发生病害就可能彻底遭遇荒年，因此，他们致力于通过栽培不同种类的土豆来降低这种风险。正因如此，在遭遇“爱尔兰大饥荒”时，包含欧洲在内的世界各地的农民们纷纷从安第斯山脉地区进口对马铃薯晚疫病具有抵抗力的新品种土豆来解决粮食短缺的问题。

比战争还可怕的“西班牙流感”的蝴蝶效应，美国修改移民法

04
The History of money

当人类开始了定居的生活之后，重重灾难席卷而来。一场接一场的战争令无数的城市生灵涂炭。14 世纪的鼠疫，16 世纪的沙门氏菌及天花夺走了数以千万计的生命。战争与传染病无疑都是人类历史上的巨大灾难，不少学者经过研究分析得出结论：传染病与战争相比给人类历史造成的影响更为深远。

有一批学者以越南战争为例对战争与轰炸给社会发展造成的影响进行了实证分析。他们研究了战争期间美军在不同地区的投弹量，并对 40 年后，也就是 21 世纪这些地区的经济发展状况进行了比较。他们得出的结果是极其惊人的。那就是该地区遭受轰炸的规模与其后的经济发展状况毫无关联。

那这是否只是个例呢？并不是。另一批学者对日本的情况进行了调查后得出的结果是一致的。第二次世界大战中日本的死亡人数达到 300 万且国家财产损失了近 1/4。即便在这样的状况下，日本后续的经济仍然呈现蓬勃的发展态势。遭遇原子弹袭击而深陷火海之中的广岛和长崎与其他城市相比在后续发展中也并不存在任何

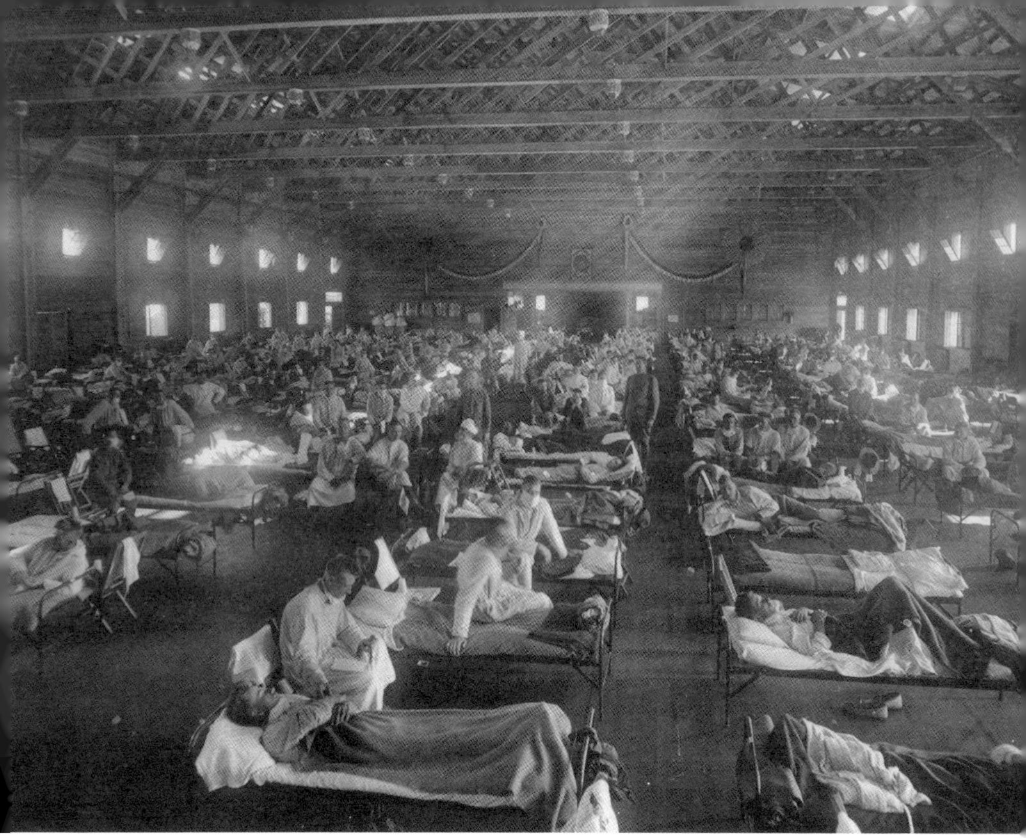

1918 年西班牙流感造成无数人的死亡，这是当时美国堪萨斯州一家医院内的场景

差异。

战争的确造成了种种悲惨的景象，然而战争带来的经济影响并没有我们想象的那般严重。但是对传染病的余波进行追踪的研究者们得出的结论则恰恰相反。以西班牙流感为例，它在全世界范围内夺走了超过 5 000 万人的生命，被认为是 20 世纪最大的悲剧之一。研究者们发现，西班牙流感给全社会都留下了难以磨灭的巨大伤痕。

经过 1918 年 10 月到 1919 年 1 月的流行期后，西班牙流感的蔓延情况虽然逐步有所好转，但当时大约有 1/3 的产妇也感染了该疾病。这种疾病传染性极强，在1919年6月前后出生的婴儿中极有可能有相当一部分在胎儿时期就已经通过母体感染了病毒。专家们带着这种假设对1960—1980年的人口统计结果进行了研究并得出了这样的事实：1919年上半年出生的人受教育水平相对较低，患有各类疾病的人比例较高，他们的平均收入水平也较低。这着实是一件可怕的事情。

传染病不仅会影响到每个个体的生活，也会颠覆整个社会的文化。很多社会学家都提出饥饿与传染病的长期存续会造成厌恶敏感度（disgust sensitivity）的升高。类似于人体中与疾病直接抗争的免疫系统，厌恶敏感度同样在保护人体免遭感染的威胁，因此被称为“行动性免疫系统”。该系统通过排斥那些看起来既陌生又危险的东西来避免实际感染，然而其副作用却不容小觑。因为在此过程中，排斥外群体、亲近内群体的“内群体偏向”以及只关注熟悉的、渴望的东西的“确认偏误”都会被不断强化。正是由于这个原因，每当欧洲鼠疫流行时就会反复出现犹太人和女巫遭到迫害的情形。统治者为了转移民众对政府的无能所产生的愤怒，将责任抛给了那些社会中最弱势的阶层。

1918年的西班牙流感仅在美国境内就造成了约67万人丧生，这之后人们对“外群体”的排斥开始逐渐加剧，其最先造成的后果就是1921年移民法案的制定。美国是一个移民国家，所以最初本没有阻挡海外人口流入的想法。正如同前面我们谈到过的爱尔兰裔移民的大批流入。但当从欧洲来到美洲大陆的移民数量呈爆发式增长之时，人们开始逐渐排斥“外群体”。特别是当移民数量的暴增所造成的实际工资上涨受限、地价抬高的情况一一出现，限制移民的呼声一浪高过一浪。此外，36 万名年轻人参加在欧洲爆发的第一次世界大战时遭遇死伤，这也成了人们对于“孤立”主义呼声高涨的重要因素之一。

最终，1921 年，美国通过了《紧急配额法案》（Emergency Quota Act of 1921）。该法案的核心在于规定各国每年赴美移民人数不能超过 1910 年美国人口普查中该国移民人口的 3%。1924 年政府对该法案做了进一步修正，各国赴美移民人数调整为不能超过 1890 年美国人口普查中该国人口的 2%。实际上相当于关闭了移民通路。

《紧急配额法案》的出台在社会各方面引发了巨大的变化。法案出台前，仅 1913 年就有 119.7 万人获得了美国永久居留权，1922 年则缩减为 30.9 万，而 1931 年又进一步减少到了 9.7 万。年均接受 100 万名以上移民的国家突然之间减少人口流入会发生什么事情？尤其是在西班牙流感及第一次世界大战造成了大批人员伤亡之后又会怎样呢？

移民数量的缩减必然会在经济方面造成巨大的影响，首先会出现的就是经济增长率降低。1900 年美国整体人口的 14.7%，即 1 350 万人都是来自海外的移民。这意味着如果没有这些移民，美国的劳动力供给会出现巨大缺口。尤其是移民当中大部分是20—30岁的年轻人，在他们安家立业、生育子女的过程中对消费会起到巨大的刺激作用，然而移民数量的减少意味着这方面的经济效益将明显减弱。

移民数量的减少对经济造成的第二个影响是实际工资上涨及企业收益减少。1870—1940年平均每小时实际工资的上涨幅度是2.48%，而同一时期的劳动生产率仅改善了1.51%。劳动生产率是指单位时间内生产某种产品的数量或单位产品所需的劳动时间。比如，原本每小时能够生产1辆汽车的企业在提高劳动者的生产热情或改进技术手段后变成每小时能够生产2辆汽车，那么将劳动者的工资提高为原先的2倍是不成问题的。但在生产效率几乎不变的情况下只是提高工资，那么从企业的立场来看将很难继续维持雇佣规模。仅从1910—1940年这段时期来看，年均实际工资增长率是3.08%，相较于1870—1910年期间的2.08%有了大幅度提高。正因为如此，在围绕1929年美国经济危机爆发的原因展开探讨时不少人才会将关注点放在“生产过剩”和“股市泡沫”上。能够证实这一观点的还有美国制造业企业的破产数量。1920年有2 635家企业申请破产，而到了1928年申请破产的企业却飞速增长至5 924家。

《紧急配额法案》带来的第三个影响是缓解了经济不平等。新的劳动力无法流入的同时平均工资水平在提升，特别是曾因为移民的增加受损失最严重的低学历、非熟练劳动者的工资也得到了快速提升。这就是特朗普总统在提出反移民政策时，低收入白人男性的赞成呼声最高的原因所在。亚裔或西班牙裔移民的流入能够促进经济增长，但对需要与他们直接竞争工作岗位的低学历白人来说必将面临经济方面的困境。

就“缓解不平等”是否源自移民数量的减少这一点在美国学界也引起了诸多争论。其中持反对意见者所强调的便是富兰克林·罗斯福总统上任后实施的“新政”所产生的效果。罗斯福总统在1933年刚上任就制定了《全国产业复兴法》，规定每周劳动时间为35—40小时，每小时最低工资为40美分。这些措施的确缓解了就业的不平等现象，而且还提高了劳动者加入工会的比例。但从另一个角度来看，受经济危机影响的企业在效益降低的情况下却要维持工资的上涨，这反而会造成更大的负面影响。在破产企业不断增多的同时，另一些企业减少雇用新员工的现象不断出现。所以，移民数量的减少反而让隶属于大企业工会的劳动者和工会以外的劳动者遭遇更多的不公平待遇。这种说法也具有一定的说服力。

到这里会有不少读者对于新冠肺炎疫情之后的社会会产生何种变化充满好奇，我们将在接下来的第二章“给我们的启示”当中加以详细探讨。

深度阅读

欧洲移民至新大陆的人口有多少？

1846—1932 年间究竟有多少人从欧洲主要国家跨洋移民，没有什么有效的办法能够进行准确统计，不同学者得出的结论多少都存在偏差。《繁衍：世界人口简史》一书对这一时期欧洲主要国家移民至新大陆的人口进行了统计，英国和爱尔兰是 1 800 万人，意大利是 1 110 万人，西班牙和葡萄牙是 650 万人，奥匈帝国是 520 万人，德国是 490 万人，波兰和俄罗斯是 290 万人，瑞典和挪威是 210 万人。这些移民的主要目的地是美洲大陆，去往的国家依次分别是美国（3 420 万人）、阿根廷和乌拉圭（710 万人）、加拿大（520 万人）、巴西（440 万人）。此外，去往澳大利亚和新西兰的移民数也达到了 350 万人。

观察 1820—2010 年的美国移民的相关统计数据不难发现整个趋势中呈现两次快速增长。第一次从 1840 年开始到 1920 年结束，也就是本章第三节中提到的爱尔兰人的大迁移时期。这股巨大的移民热潮随着 1921 年《紧急配额法案》的出台而终止。1965 年伴随《移民与国籍法案》（Immigration and Nationality Act of 1965）的通过，移民者数量再次开始增加。1991 年，182.7 万人获得了美国永久居

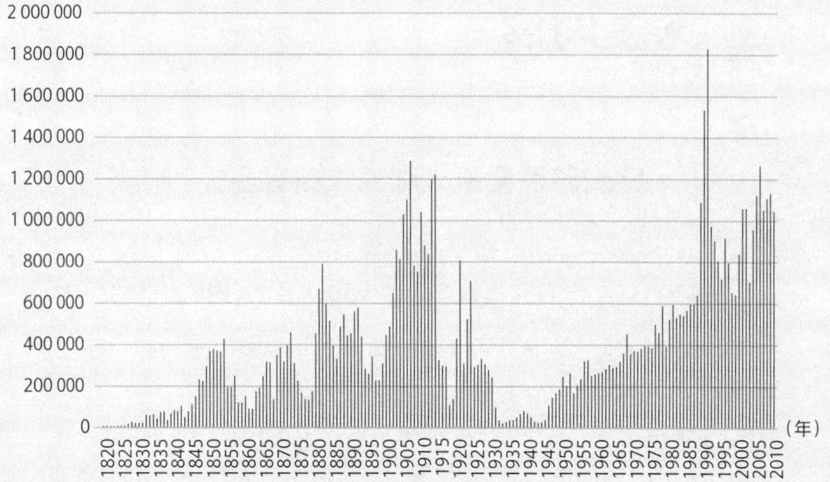

图 2-4　不同年度取得美国永久居留权的人口变化

数据来源：美国国土安全局，《移民统计年鉴：2010》

留权，创下历史新高。第二次移民热潮与第一次有所不同，第一次时移民人口中欧洲人占了绝大多数，而第二次时引领热潮的主要是亚洲人和西班牙裔人。根据 2019 年的统计可获知，移民有大学本科学历的人口占 47.4%，高学历移民人口的比重在大幅增加。两次移民热潮的移民性质发生了很大变化。

深度阅读

人口移动及贸易遭遇困难之时，社会状况会怎样？

我最近阅读了《欧洲经济史》这本书，书中内容让我很感兴趣，这本书的作者针对过去的 110 年间发展中国家比发达国家展现出更高的经济增长率作了如下说明：

发展中国家持有更少量的资本，因此能够获得更高的（资本投资）收益率。高投资率可以有效刺激经济增长。实际上，在投资与生产效率的提高之间存在着非常显著的正相关关系。

服务业与农业两大产业在发展中国家所占的比重较高。当劳动力从生产效率低下的传统行业被重新分配至生产效率较高的近代行业（这里指制造业）当中去时将能够获得更多的收益。所有的这些因素预示着初期收入越低，后来的经济增长率往往会越高。

上述段落非常清晰地阐释了经济增长的核心要素。但在 1919 年到 1938 年之间，也就是所谓的战间期，这项理论却完全不适用。图 2-6 展现出战间期经济增长率和人均收入之间的关系，越是人均收入高的国家经济增长率越高，相反，人均收入低的“困难”国家经济增长率也较低。富有的国家变得更加富有，贫穷的国家则变得更加贫穷。

为什么会出现这样的状况呢？原因可能是多方面的，不过战间期移民中断、贸易减少是决定性因素。《欧洲经济史》的作者对当时的情景作了如下回顾：

> 一战和二战之间的战间期出现了截然不同的情况。1919 年人均收入越高的国家，经济增长率也越高。为什么会出现这种现象呢？
>
> 1914—1950 年，在发达国家的技术传播至发展中国家的过程中，缺少了最为关键的机制，那就是对于贸易、资本和人员的开放性，这一事实解释了战间期收入差异扩大的原因。两次世界大战有效地封锁了国境。各个国家的贸易规模相较以前均有所下降，沉浸于民族主义的人们对他人满怀疑心。贸易纷争，民族主义复燃，再加上 1929 年后不断升级的闭锁态度阻碍了发展的进程。国际贸易急剧缩减，知识交换也随之减少。

值得庆幸的是，第二次世界大战后这种趋势得以终止。美国通过马歇尔计划等政策为一蹶不振的欧洲恢复原状给予了支持，在贸易方面缔结了《关税及贸易总协定》。包括美国在内的大部分发达国家努力朝着消除贸易壁垒的方向发展。尤其是以 1965 年《移民与国籍法案》的出台为契机而重新掀起的移民浪潮也成了促进世界平等的要素之一。

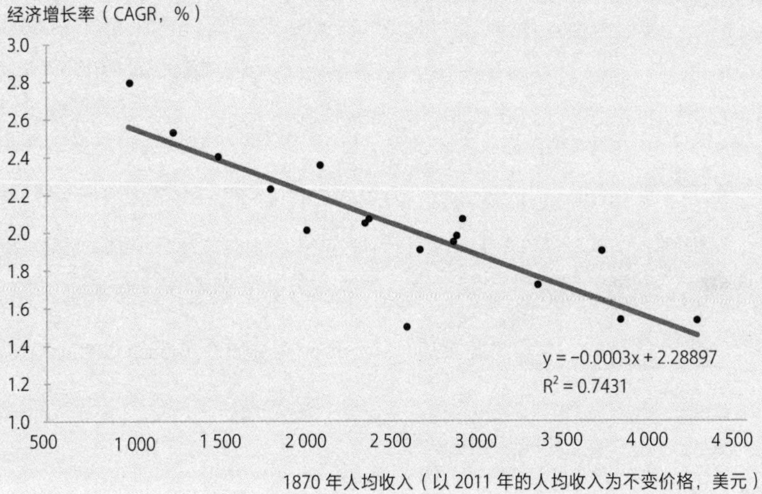

图 2-5　1870 年人均收入（横轴）及 1871—1980 年间经济增长率（纵轴）的关系

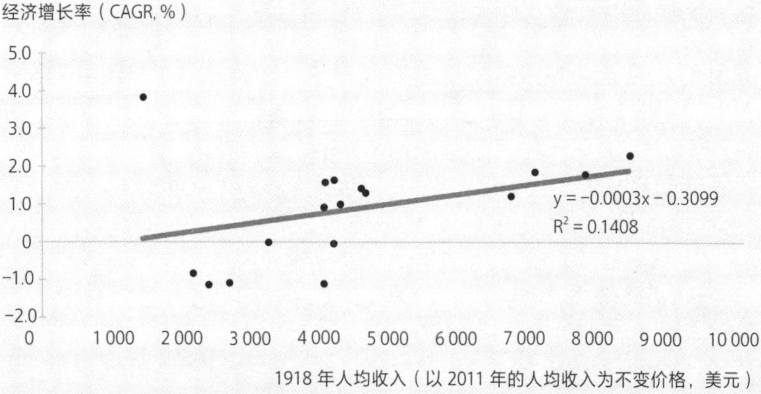

图 2-6 1918 年人均收入（横轴）与 1919—1938 年间经济增长率（纵轴）的关系

· 各国的收入以 2011 年为基准，使用美元不变价格进行计算是为了尽可能公正地对各国的收入及经济增长率进行评价

数据来源：Maddison Project Database (MPD) 2018

传染病的时代，我们将会面临什么？

给我们的启示

通过研究传染病大范围扩散可能导致的后果，我们能够得到以下三点启示：

第一，人均收入增长的趋势会逐渐明显。人力不足而土地丰富的情况，相当于社会处于相对宜居的状态之中。经济的整体规模可能会缩减，但归属到每个人的所得反而会有所增加。

传染病过后产生的第二种现象是出现“内群体”及“外群体”的界线划分。一方面这是由于面对人口的大量死亡，将责任推卸给少数人是最为便捷的解决策略；另一方面是受到人类本能性的自我防御机制启动的影响。1921 年的《紧急配额法案》的出台无疑是一个极具反转性的事例，因为该法案所展现出的是一个由移民组成的国家居然出现了紧闭国门的情形。

最后一种现象就是贸易保护主义的出现。在经济外向性缩减、国与国之间的交流减少之际，“自己人好好生活”的想法占据主导也是理所当然的事。1930 年出台的《斯姆特－霍利关税法案》[1]（Smoot-Hawley Tariff Act）就是典型的代表。当然，传染病大流行之前也存在贸易保护主义。只不过由于自由贸易的好处非常明显，因此，人们的抵触情绪并不高涨。然而当抵触心理不断凸显，再加上问责外部人士的氛围形成，对于贸易保护的呼声自然也会提高。

将上述这些现象体现得最为显著的历史时期就是第一次世界大战和第二次世界大战中间的战间期。对当时世界主要国家的经济增长率的调查显示，越是生活富裕的国家其经济增长率越高。从美国的情况来看，尽管1929年经济危机时期美国的经济遭遇了严重的打击，但由于移民遭到限制，劳动者实际工资上涨，加上内需市场庞大，因此，出口的减少所带来的冲击显得相对较小。

相反，战间期人均收入低的国家生活则变得更加困难。不仅人们的移民之路被阻断，而且由于无法向发达国家学习先进技术，低收入国家失去了挣钱的渠道；即便千辛万苦投资建厂，产品却又出口无门。韩国曾经也是如此。大部分情况下，对于经济落后的国家来说，出口是解决问题的唯一对策。原因在于即便厂方将质量上乘的产品投入内需市场，人们也不具备购买这些产品

---

1 美国为保护本国产业在1930年制定的贸易保护关税法。由参议员里德·斯姆特和众议员威尔斯·C. 霍利提出，赫伯特·胡佛总统最终于1930年6月17日正式签署，直到1934年6月12日富兰克林·罗斯福通过《互惠贸易协定法》并废止《斯姆特－霍利关税法案》，该法案造成全世界贸易量减少了66%。

的能力。

战间期的情形非常有必要引起我们的重视。经历了 2016 年特朗普当选总统，2018 年中美贸易摩擦，我们能够切实地感受到在发达国家存在着众多支持反移民、反自由贸易的人。希望世界各国的领导人能够认真反思一下战间期给我们带来的启示。

The History Of Money

第三章 气候变化改变的历史分界点

冰岛和格陵兰岛，名字中蕴含的苦涩

01

The History of money

格陵兰岛是世界上最大的岛屿，它的英文名称 Greenland 使人不禁联想到一望无际的碧绿草原和在草原上优哉游哉地吃着青草的羊群。最初维京人也是带着这样的幻想移居到这座岛屿上的，然而现实却令他们大失所望，因为他们发现这里简直就是一片不毛之地，大部分区域被冰川所覆盖，只有南部海岸地区孤零零地生长着苔藓和野草。有趣的是它旁边的冰岛（Iceland），这座名字听起来像是一片冻土的岛屿却有着温暖的气候，直到今天还生活着数十万人口。这两座岛屿的名字究竟是从何而来的呢？

要想解开这个疑问，还要先从公元 5 世纪西罗马帝国灭亡之后欧洲大陆的具体状况说起。日耳曼人占领西罗马帝国的领土之后在各个地区建立起若干个国家，其中的大部分国家寿命都不长，直到公元 6 世纪末还呈现一片混乱景象。唯独法兰克王国构建起了坚实的根基并不断向外扩张势力，大有统一陷入混乱之中的西欧之势，法兰克王国的实力正是靠那些不断积极开拓领土、生活在北欧的维京人一手创建起来的。

公元 9 世纪前后，维京人离开了贫瘠的斯堪的纳维亚半岛，向欧洲甚至全世界各地分散出去。尽管维京人当中大部分从商，但他们一旦发现对方弱不禁风，就会立刻变身为掠夺者，不仅如此，如果他们认为哪片土地适宜生存，更是会变成侵略者。

能够证明他们会突变为侵略者的典型例子就是现在的俄罗斯西部地区。公元 9 世纪，瑞典维京人为了收购毛皮而游历至内陆地区，他们曾抵达南端的伏尔加河流域，今天的乌克兰首都基辅就是当时的维京人建立起来的。就在这里，维京人和盛极一时的伊斯兰商人展开了大规模的贸易往来，维京人把斯拉夫人奴隶卖给伊斯兰商人，从他们那里换取贵重的东方商品及金币。近来考古学家在瑞典斯德哥尔摩附近的哥得兰岛发现了一处古老的墓穴，其中出土了 6 万余枚古代伊斯兰铸币，这些重要的证据足以证实当时维京人所搭建起来的贸易网络触角伸得有多么遥远。

挪威维京人侵占英国之后于 865 年发现了冰岛。寒冷的气候致使他们放弃了在此定居，返回故乡的人们把这里取名为“冰冻的土地”（Iceland）。到了 900 年左右，气温逐渐上升、航路日趋安全，维京人再次展开了对这里的探险之旅。维京人在 60 年后对冰岛有了重新的认识，980 年他们又来到了格陵兰岛。这个时期的众多开拓者中“红胡子埃里克”（Eric the Red）尤为出名，不少历史学者认为，曾经有很多人为了募集聚居区的移民者而煞费苦心，“红胡子埃里克”便是其中一员。“格陵兰岛”（Greenland）最初就是由

格陵兰岛的最初命名者，挪威维京人红胡子埃里克

“红胡子埃里克”命名的，他之所以起这个名字就是为了吸引更多的人到这里定居。移民们一开始满怀憧憬，觉得这里是一片肥沃的土地，可真正到来之后却陷入深深的绝望之中。迁徙至此的人们在其后的 300 年间付出了艰辛的努力，最终却仍不得不向恶劣的气候低头认输。

维京人所及之处远不止俄罗斯和北美。丹麦维京人占领了法国西北部的诺曼底地区并定居在这里，1066 年他们又成功征服了由于长期受维京人侵略和本国内战困扰而陷入一片混乱的英国。威廉一世（William the Conqueror）带领维京人入侵英国，他还书写了著名的《末日审判书》（*Doomsday Book*），这本书因其中整理有序的人口普查内容而闻名于世，书中记载了英国境内的耕地面积、土地价格、所有者姓名等详细信息。威廉一世之所以要下这番苦工，正是为了使人口稀少的诺曼人能够更加高效地管理好人口众多的英国人。直到今天，这本书仍然是研究英国历代国王、收入、土地占有情况的研究者们宝贵的信息来源。

正如前文所提到的，当时西欧国家的势力较为薄弱。5 世纪中叶西罗马帝国灭亡之后，日耳曼人所建立起来的诸国并没有奠定稳固的财政基础。加上伊斯兰势力的崛起，地中海俨然成了“伊斯兰之海”，日耳曼诸国的经济实力迅速减弱，倒退至自给自足的境地。政府根本无力维持常备军，面对外敌入侵只能依靠相应地区的领主或骑兵。在这样的局面下，维京人自然具有充分条件变身为掠夺者。

从北美到俄罗斯南部，维京人为什么会一直坚持进行频繁的探险之旅呢？因为人口的增加。斯堪的纳维亚地区环境非常恶劣，人口一直以来极为稀少，后来随着气候逐渐变得温暖，人口也在不断增加。曾经导致罗马帝国灭亡的异常寒流消失不见，气温较以前上升了 1—2℃，这种所谓的“中世纪温暖期”一直从 10 世纪后期延续到 14 世纪初期。

也许有读者会产生这样的疑问：“平均气温升高 1—2℃会引发什么变化？”在农业技术尚不发达的农耕社会，农业收成除了靠天公作美之外没有其他任何可依赖的条件，气温的上升无疑是一笔“横财”。气候温暖让农作物长势更加良好，可以耕种的作物种类也随之增多。900—1300 年之间，英国的葡萄园大幅增多就是一个典型的例子。寒冷的气候不利于葡萄的生长，在英国能够栽培葡萄正是中世纪温暖期的一大象征。

气温的上升带来了粮食的增产，不仅是维京人，欧洲境内的整体人口数量都在飞速增加。据推测，欧洲人口在公元 1000 年仅为 3 000 万，1200 年增至 4 900 万，到了 1340 年则达到了 7 400 万。

但到了 11 世纪，平原地带的大部分土地已经被开垦，用于粮食栽培的土地开始显得不足，人们能够做出的选择就是变森林为耕地。由于对森林的大面积砍伐，在公元 700 年左右约占西欧面积 4/5 的森林到了 1200 年缩减了一半以上。森林面积的减少会引发生态系统出现两方面的问题：一方面是用于供暖及做饭的燃料的短缺。

将十字军聚集起来进行说教的乌尔班二世教皇

当时人们还尚未开始使用煤炭等矿石燃料，森林面积的减少势必会引发木柴价格的升高。另一方面是自然灾害出现的概率增加。森林能够有效保护表层土壤，而且树根及青草在吸收及排出水分的过程中能够有效缓解干旱及洪水等自然灾害的冲击。

从上述情况来看，欧洲境内人口虽然在增加，但人们的生活质量却开始走下坡路。从 1200 年到 1300 年的粮食价格统计数据可以发现，100 余年间欧洲粮食价格至少增加了 2 倍。

生活水平下滑，人口却在不断增长，这势必会引起社会矛盾的激化。在这样的背景下发动十字军东征，从某种层面来看似乎是必然的。一般来说，缓解社会内部矛盾的方法大致分为两种：一种是将多余人口引向海外居住，以此来达到分散人口的目的；另一种

格陵兰岛西北部的一片墓地

是通过大规模战争来扩张领土。事实上确实有不少学者认为，1096 年乌尔班二世教皇发动十字军东征在很大程度上是因为“人口过剩”。表面上打着的旗号是支援东罗马帝国，树立的目标是从伊斯兰教徒的手中夺回耶路撒冷，但实际的背景却是两个阶层的人利害关系达成了一致，一个是渴望拥有土地的农民阶层，另一个是身为贵族后代却没有庄园可以继承的上流阶层。当然，当时中东地区比西欧富有，这的确也是刺激十字军东征的主要因素之一。

但到了 14 世纪初期，整个自然环境发生了转变，冬季的气温骤然下降，春季却又暴雨不断，农田、牧场都被泡在雨水之中，农

作物开始腐烂。除了恶劣的自然环境之外，1337 年到 1453 年间又发生了英法百年战争，农民们的生活每况愈下。军队掠夺了农民们的粮食，统治阶层向佃农征收重税，对于农民来说，忍饥挨饿成了常态。仅法国，就在 1321、1322、1332、1334、1341、1342 年连续遭遇荒年。

人口的激增迫使人们将以前不曾耕种过的土地也全都开垦出来利用，气候的变化对于人们来说无疑更是雪上加霜。木柴匮乏，新开垦的农田并不适宜耕种，气温骤降，这一切必然造成农作物收获量的减少。1347 年传播到欧洲的鼠疫不过是压死骆驼的最后一根稻草罢了，其实欧洲早已陷入“危机”之中。

已经踏入格陵兰岛乃至北美的维京人自然也逃脱不掉这场气候变化带来的巨大冲击。根据考古学家们的研究可知，自公元1000年前后开始大规模迁徙以来，5 000余名维京人仅在格陵兰岛就建造了250余座牧场。在中世纪温暖期，这里的条件非常适宜饲养牛羊，而且轻而易举地就能猎到海豹。然而当中世纪温暖期结束之后，格陵兰岛的土地开始冻结且寸草不生，牛羊没了食物自然也无法继续存活下去，维京人只好依赖打猎为生（研究维京人人骨的学者指出，1300年前后维京人的食物80%以上都是海产品）。

一方面格陵兰岛的生存条件急转直下，另一方面维京人原本的居住地又因为鼠疫的侵害而遭受重创，维京人就此中断了曾盛极一时的海上贸易。有考古学家发现了格陵兰岛上留下的最后一批维京人的遗迹，这些遗迹中包含体格超小、根本不具备狩猎价值的小鸟，刚出生的羊羔，留有巨大刀痕的猎狗的骨头，由此可以推断当时的人们已经被饥饿逼迫到走投无路的绝望境地。真正遭到鼠疫蔓延和气候骤变带来的致命性破坏的地区恐怕不是欧洲，而是格陵兰岛。

不过还是有相当一部分历史学者认为气候变化的最大受害者是包括中东在内的伊斯兰教统治地区。那么，中东地区又遭遇到了什么事情呢？我们将在下一节解答这个疑惑。

深度阅读

过去 1 000 年间的欧洲气候有什么变化？

经调查发现，在过去的 1 000 年间曾出现过两次明显的气温上升期峰区。第一次是中世纪温暖期，从 11 世纪开始到 14 世纪初叶，这期间气温持续升高。而到了 14 世纪中叶，气温则开始骤然下降。政府间气候变化专业委员会（Intergovernmental Panel on Climate Change，IPCC），一个为应对气候变化而设立的国际性组织，公布的推测值与欧洲气温观测数据基本一致。

14 世纪中期开始气温出现下降，到了 18 世纪气温达到了最低值，学者们将这一时期称为“小冰期”（Little Ice Age）。小冰期与中世纪温暖期相比平均气温下降了近 2℃，因此冰期这个名称显得并不为过。气候学者们提出受气温下降的影响，这个时期战争与革命频发，最具有代表性的是 1789 年的法国大革命和 17 世纪中叶的明朝灭亡。

气温在 18 世纪末期降到最低谷，19 世纪起气温开始缓慢上升，而到了 20 世纪后期，人们却开始担心起“全球变暖”的问题。有人认为，人类社会的技术水平同过去相比大幅提升，气候变化所带来的危害也许不会那么明显。不过近年来气温上升的速度过

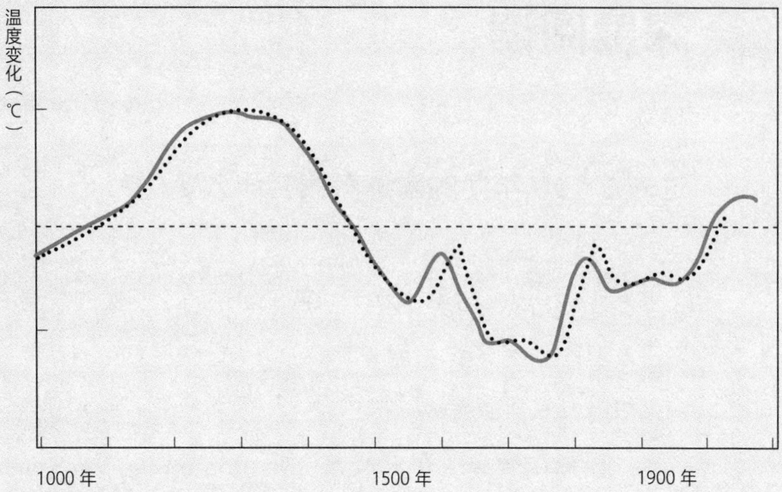

图 3-1　过去 1 000 年间的气温变化

· 实线是 IPCC 的推测值，虚线是 2007 年更新的英国中央气候中心的测定值。中间横着的点线代表 20 世纪初的平均温度。纵轴的每个单位是 1℃

数据来源：IPCC(https://www.skepticalscience.com/IPCC-Medieval-Warm-Period.htm)

快，如果按照这样的趋势，任凭气温持续增长下去必定会引发各种各样的问题，对此我们很有必要予以关注。

深度阅读

全球变暖会造成格陵兰岛独立吗?

自存在历史记录起，有关格陵兰岛的记载除了“冰”之外没有其他特别的说明。格陵兰岛 80% 以上的区域被冰川所覆盖，剩余的土地也没有任何经济利用价值。目前格陵兰岛上的居民大约有 5.6 万，格陵兰岛的国内生产总值很难维系他们较高的生活水平。一直以来，丹麦政府每年都会向格陵兰岛的居民们提供约合格陵兰国内生产总值 1/4 金额的补贴（大约 6 亿美元）。

伴随气候变暖在全球范围内的蔓延，格陵兰岛也受到了影响。格陵兰岛上居民的生活环境正在发生戏剧性的改变。如图 3-2 所示，格陵兰岛的气温正在逐步上升，更多想要开采石油等各种稀有矿产的企业将目光集中在这个岛屿之上。

格陵兰岛的前景一片光明，这也使得部分居民开始不断开展独立运动。渴望独立的居民认为，脱离丹麦政府的统治，从而使格陵兰岛能够迅速且自主地进行各类决议更有助于格陵兰岛的进一步发展。这对于长期以来一直向格陵兰岛提供补贴的丹麦政府来讲简直是哭笑不得，不过这个例子却能够充分地体现出气候变暖给世界经济造成了多么大的影响。

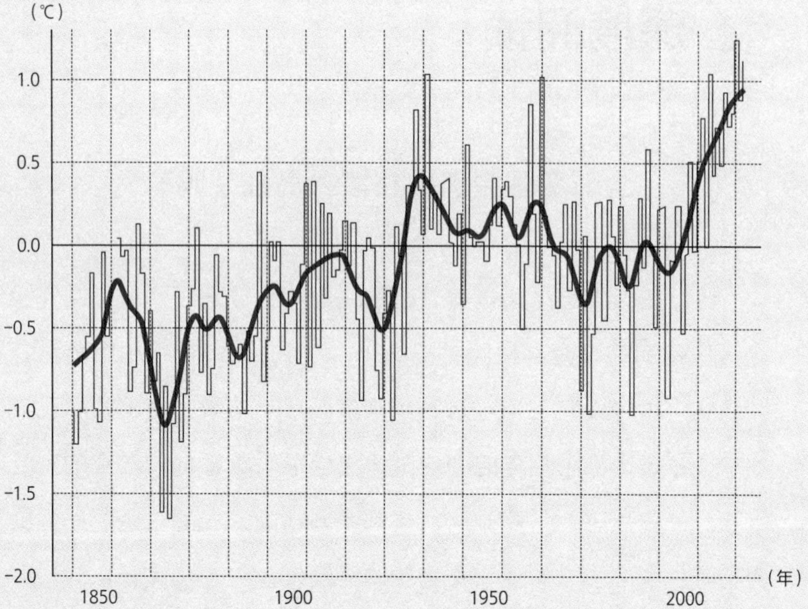

图 3-2　1840—2007 年格陵兰岛的夏季气温变化

数据来源： By Matt Michel(2017.11.15), “Will Climate Change Lead to an Independent Greenland?，” Technology and Operation Management

文明的摇篮，美索不达米亚为何沦为荒芜之地？

02

The History of money

曾去过埃及或伊拉克这些被称为“肥沃新月地带”的国家旅行的人们总会提起“那里除了沙漠什么都没有，真搞不懂为什么被叫作肥沃新月”。所谓的肥沃新月地带指的是从埃及延续至幼发拉底河、底格里斯河流域，形状如同新月模样的区域。

这里曾是人类文明的发源地之一，是何时沦为一片荒芜之地的呢？肯定不是最近的事情。直到 11 世纪十字军东征之时伊斯兰世界仍然占据压倒性的优势。虽然不容易判断伊斯兰世界究竟比欧洲富有多少，不过通过对比 11 世纪前后双方的贸易种类能够判断出哪一方在经济上更占优势。当时欧洲向伊斯兰世界卖出的是奴隶和贵金属，而伊斯兰世界向欧洲卖出的则是高档加工品，特别是白糖、丝绸和香料。这同当今的发达国家与新兴国家间的贸易模式极为相似。欧洲出口的是原材料和劳动密集型商品，即奴隶，伊斯兰世界出口的是技术密集型产品，且由此获得了巨大收益。

那么双方间这种微妙的经济关系究竟是如何发生变化的呢？这个问题令我困惑了很久，直到最近在研究外国问题的过程中才终于找到了线索。造成美索不达米亚文明没落的决定性原因是气候变化。从 10 世纪末期到 14 世纪初期，欧洲经历了中世纪温暖期，这期间的埃及和美索不达米亚等中东地区的气候却呈现截然不同的情况。学者们对尼罗河水位变化及树木年轮进行研究分析后得出的结论是，从 11 世纪开始中东地区旱情频发。埃及的尼罗河是中东地区文明最为发达的粮仓地带，这段时期尼罗河并没有泛滥，不仅是埃及，连同那些依赖埃及生产的剩余农作物过活的周边地区也遭受到了巨大的冲击。虽然全球平均气温在上升，但中东等部分地区的中世纪温暖期相对欧洲结束得更早。

被称为“历史学之父”的古希腊历史学家希罗多德曾留下过“埃及是尼罗河的馈赠”的名言，这里真正所指的其实是周期性的尼罗河洪水。夏至后的 100 天是尼罗河的泛滥期，待泛滥的河水退去后，直到第二年的夏至到来之前，尼罗河一直维持着较低的水位，正因如此埃及才能够收获各种丰富的作物。洪水泛滥期间土地无法耕种，但洪水把上游肥沃的土壤冲下来给下游的土地提供营养成分，所以并不会给下游造成什么损失。长期耕种的土地难免会发生病虫害，土壤表层营养成分流失也会造成收获量减少，尼罗河定期泛滥反而使这里的土地免受了这些困扰。

然而好景不长，11 世纪开始气候发生了变化，曾经富饶肥沃的埃及开始出现了衰败的景象。尤其是曾经由于栽培棉花呈现出一片繁荣景象的现在的伊朗地区，随着天气的骤然变冷，农民们纷纷丢弃土地远走他乡。在前近代社会中农民占总人口的 90%，农业生产的下降会导致人口的缩减，人口的缩减会导致战争时人力和财力的不足。十字军东征初期统治着耶路撒冷的伊斯兰世界呈现出弱势发展的原因也是不言自明的。

十字军统治耶路撒冷的时期是从 11 世纪末到 12 世纪。欧洲不可能持续地向前方输送军队，伊斯兰势力凭借长期积累的财富成功地培养出强大的军事力量集团马穆鲁克（Mamluk）。马穆鲁克是由中世纪被贩卖到穆斯林地区的白人男性奴隶组成的专业化军事集团。女性奴隶成了统治阶层的后宫（harem），男性奴隶被带到训练所和军队，他们“从异教徒变为穆斯林，从少年成长为男人，从新兵变成技术熟练的士兵，从奴隶变为自由人”。成熟的技术加强了军队的团结力，鼓舞着士兵们的士气，被解放的奴隶出身的指挥官们承诺士兵们能够获取自由和财富，士兵们的忠诚度显著提高。伊斯兰英雄萨拉丁（出时为库尔德族，之后成为埃及的统治者）在击退十字军重新夺回耶路撒冷的过程中立下了决定性的功劳，他所率领的部队从广义上来看也可以说是一种雇佣兵集团。

马穆鲁克在十字军东征及随后展开的与蒙古之间的战争中发挥了核心的作用，这一点是无可厚非的，可一旦权力握在了他们的手中，新的问题却开始凸显出来。1260 年在阿音扎鲁特（Ain Jalut，巴勒斯坦南部的溪谷）战斗中马穆鲁克摧毁了蒙古人对埃及的进攻，他们的权力得到了进一步强化。老一代的马穆鲁克在维持着军事技

描绘着第三次十字军东征中萨拉丁同英国“狮心王”理查一世战斗的瓷砖画，收藏于英国博物馆中

术的同时也维系着和平，可是当新的奴隶们进入训练所并反复出现暴乱之后，马穆鲁克的整个体系开始崩塌。

马穆鲁克统治下的埃及等中东核心地区都属于半干旱地区，必须加以细心管理。地理学家把在半干旱地区生活的艰难程度比喻为就像是“巫师做法时在锋利的铡刀上跳跃行走”。半干旱地区不适宜树木的生长，只有杂草丛生，杂草枯萎后重新归于土壤并化作养分，因此半干旱地区的土壤是黑土，不需要额外的肥料就能够满足粮食的大量生产。不过这些都要满足一个前提条件，那就是“降水量大于蒸发量”。11 世纪以后中东出现旱情之时，大规模的灌溉就成了农业的生命线，从远处引来水源的过程不仅需要慎重的管理规划，还需要大批的劳动力。

军事集团马穆鲁克在这方面体现出了诸多不足之处，1382 年突厥马穆鲁克王朝的后继者切尔克斯马穆鲁克王朝实施了掠夺政策。本来鼠疫就已经造成了人口的急剧缩减，切尔克斯马穆鲁克王朝却依旧榨取佃农并对商业征收重税，他们将通过这些方式获取的收入几乎都花在了维系马穆鲁克的奢侈生活和与敌对国家展开的战争当中。

13 世纪以后以美索不达米亚为中心的中东地区的土地发生了严重的土壤盐碱化（各种盐分积存在土壤中的现象）问题。接下来我们简单地介绍一下土壤盐碱化问题。在半干旱地区浇灌通过水路或水井获取的水，水渗透到表土层的下方。土壤中的盐分融化，从而变成浓度较高的盐水。这时再浇灌新的水之后就会出现渗透现象（水从浓度高的地方流到浓度低的地方），盐水就会渗出到土壤表面。渗出至表土层的盐水中所含的水分蒸发掉就会造成盐分的不断积累。

这个问题该怎么解决呢？这需要持续不断地提供新的土壤。就像围海造田一样，要经过长时间不停地撒石灰，才能使新的土地变成适宜农业耕种的土地。也就是说要把流向波斯湾的底格里斯河和幼发拉底河的河口处堆积的土壤不停地洒向耕地，才能够勉强防止土壤的盐碱化。问题是要完成这项浩大的工程需要体系完备、效率高超的组织及庞大的劳动力，可当时的马穆鲁克统治者却完全不具备这些条件。

当然也不能把责难的箭头都指向马穆鲁克。根据近来地理学家们的研究，公元前 2400 年到公元前 1700 年，以现在的伊拉克地区南部为中心的区域出现了第一次土壤盐碱化问题，并且非常严重。第二次土壤盐碱化程度比第一次要轻一些，发生于公元前 1200 年到公元前 900 年，主要集中在伊拉克中部地区。从结果来看，开始于 13 世纪的土壤盐碱化问题对两河流域文明的发展造成了致命的打击。

最终，欧洲人在十字军东征中战败，伊斯兰世界的政治结构发生了巨大变化，这为日后的形势逆转铺垫了基础。

我们将在下一节中看一看气候变化给中国的朝代更迭带来了什么变化。我们可能会了解一个事实：决定战争成败的关键并非只是在于指挥官的能力和士兵们的训练状态。

深度阅读

一旦遭遇饥荒就将开始女巫审判?

中世纪温暖期结束之后，从 14 世纪开始到近代初期仅在欧洲就有约 100 万名妇女被诬陷是女巫并处以死刑。这些事件主要集中在 16—18 世纪。从女巫审判这个词汇当中我们不难看出，受害者大部分为女性，并且主要是一些生活贫困的寡妇。不管是宗教法庭还是民间法庭，无论是天主教还是新教都在对“女巫”执行死刑。

欧洲人为什么会犯下如此野蛮的罪行？最近美国的历史学家艾米莉·奥斯特（Emily Oster）发表了一篇值得关注的论文，论文中就这一问题进行了分析。她的观点是女巫审判与肆意虐杀的背后主要是经济因素在起作用。天气变冷、农作物收获量降低之时（图 3-3 中的正方形线降至负数之时），生活贫困、不受任何人保护的女性被诬陷是女巫并被处死的事件就会频发。女巫审判的主导者往往是上流阶层的男性。他们通过除掉经济体系内部生产力低下的阶层来缓解粮食困难的危机，为了提高自身在共同体中所享有的权利不惜犯下如此残忍的罪行。

但令人感到惋惜的是这种悲剧直到今天仍时有发生。2003

年的一项研究指出，近代以来坦桑尼亚等部分非洲国家仍然在进行着女巫审判，降水量极低或极高之时被处死的女巫数量便会增加，出现这种野蛮行径的原因与中世纪的欧洲如出一辙。

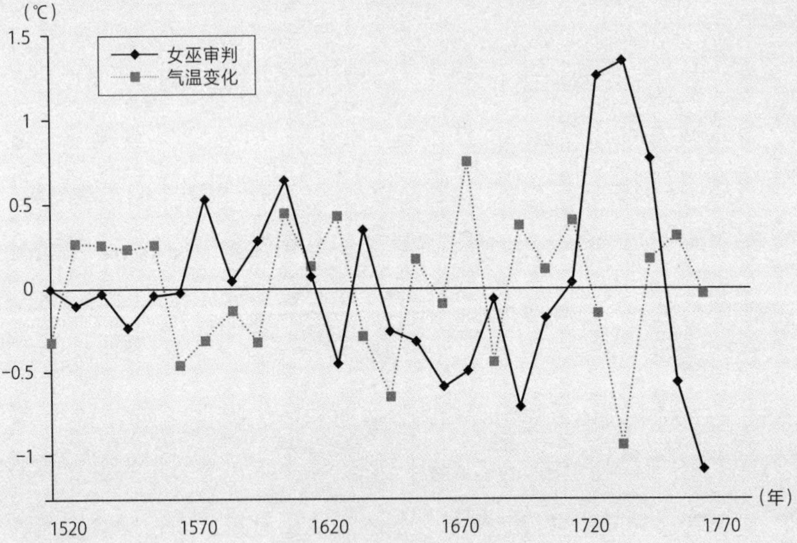

图 3-3　1520—1770 年的气候变化和女巫审判的趋势

· 横轴是年份，纵轴是与平均数值进行对比的偏离程度。能够发现气候温暖时，女巫审判会急剧减少

数据来源：Emily Oster(2004), "Witchcraft, Weather and Economic Growth in Renaissance Europe," Journal of Economic Perspectives, Volume 18, Number 1, Pages 215 - 228

12 世纪后中国为何备受北方民族侵略的困扰？

03
The History of money

要想了解中国的历史，先要记住五胡十六国、辽、金、元、清等一连串北方民族建立起来的政权名字。这些政权不仅改变了中国历史的走向，而且自 12 世纪以后的 800 年漫长岁月中，它们统治着相当一部分中国领土。

北方游牧民族的统治给中国造成的影响无法用寥寥数语就表述清楚，但至少有一点是明确的，那就是他们斩断了中国不断成长起来的工业革命的幼苗。1127 年北宋被金国灭亡之前是除了 18 世纪的英国之外距离工业革命最近的国家。北宋的工商业极为发达，技术水平呈现出不断上升的趋势。日本僧侣成寻在到访了北宋的首都开封之后留下了下面这些颇引人注目的记录。

公共浴池入场费 =10 文（每人）

斗笠借用费 =50 文（3 人）

大米 4 斗 =400 文

劳工雇佣费（轿夫等）=300 文

宗教设施参拜费 =2 文

酒钱 =150 文（13 人）

房费 =50 文

这难道不是典型的市场经济的形态吗？这并不是以农村为中心的自给自足的社会形态，而是人们能够进行自由贸易往来，劳动力价值受到市场评定的“市场经济”的形态，这种形态在当时的中国已经出现了。正如在第二章当中提到的，中国已经开始形成信用货币体系，政府能够在某种程度上对经济变动和交易进行调节。那么北宋究竟为什么会被金国击垮呢？经济发达的国家战争能力应当非常强大才是啊。

北宋败给金国的原因正是游牧民族所拥有的“非对称”战斗力。曾参与编著《新唐书》的著名历史学家宋祁曾发出过如下的感慨：

北方与西方的敌军之所以能够与中国抗衡就在于他们拥有大量马匹且士兵善于骑马。此乃敌军的实力所在。中国不仅马匹少且士兵均不善骑马。此乃中国之弱点所在。我军想方设法克服弱势与敌军抗战却屡屡败下阵来。

从这段文字可以看出，汉族的步兵并非北方民族骑兵的对手，特别是宋祁所生活的北宋时期。能够体现汉族和北方民族战斗力差异的典型事例是12世纪初17名女真族士兵与2 000名全副武装的宋朝步兵之间展开的战斗。战斗一开始女真族士兵就摆开了中央7骑、左右两翼各5骑的三列队阵，女真族骑兵在马上向下射箭以扰乱宋兵阵列，结果2 000名宋朝步兵完全乱了手脚败下阵来，女真族却连一个骑兵都未损失。

然而，北方民族虽然拥有强大的战斗力，但在12世纪以前却从未能够称霸整个中国。反而是在公元前2世纪前后，汉武帝击垮了匈奴，打通了直至西域的交通路线。唐朝时期中国的领土面积达到了1 237万平方公里，充分展现了汉族的强大实力。

后来的局面为什么会发生了扭转呢？通过观察中国北方草原地区的降水量变化便能解开这个疑问。中国的母亲河黄河发源于青藏高原，后朝北方的黄土高原奔腾而去。在此过程中黄河每年会携带15亿吨以上的泥沙，正如同它的名字一般呈现出黄色的泥水状态。黄河在流经黄土高原后又向东流去，遇到太行山的阻挡后再朝向南方流去。黄河在下游创造出了肥沃的平原，这也是汉族早期的栖居之地。

问题就出在这片“肥沃的”土壤的形成过程中。上游高强度的降雨产生的洪水携带大量泥沙造成下游洪水泛滥，进入平原地区后水势减缓，黄土就会堆积在河床之上。久而久之，河床就会比周边的平原还要高，从而形成“悬河”，而此时如果遇上稍大的雨水就可能造成河堤坍塌、洪水泛滥。从频繁泛滥这一点来看，黄河和尼

清朝康熙时期，黄河下游的山东济南

罗河具有相似之处，但由于这种泛滥没有固定的周期所以很难进行管控。

中国历代王朝都十分关注黄河的水势，对洪水及干旱的记录也十分详细。研究人员仔细翻阅了中国历代王朝的文献记录，掌握了从公元前 220 年到 1839 年间黄河流域降水量的变化。研究发现，黄河洪水频发时期北方民族的入侵会减少，黄河出现干旱的时期北方民族则会越境入侵。

降水量和游牧民族入侵之间有什么关联呢？黄河洪水泛滥的危险性低意味着北方游牧民族生活的草原出现了干旱。草木干枯、家畜饿死自然会使得北方游牧民族对南方富饶的土地虎视眈眈并采取行动。北方游牧民族很可能会产生这样的想法："反正都是饿死，不如干脆去富有的平原地区打家劫舍一通。"这种推测最具代表性的时期是 2 至 4 世纪，即东汉末年、三国时期到西晋时期，北方充斥着浓厚的战争气息。

2 至 4 世纪中国北方为什么会出现干旱呢？对此大致存在着两方面的假说。第一种假说需要我们把目光放在全球性的气候变化上。根据气候学家的研究，4 至 7 世纪，北半球的严寒和干旱达到了顶峰。这段时期西罗马帝国灭亡，北非的粮仓地带衰败，中亚的丝绸之路沿线城市纷纷没落。中国在 309 年出现极为严重的干旱，有记录显示人们能够步行跨越长江和黄河，研究青藏高原森林年轮的学者发现 3 至 5 世纪曾反复性地出现长达数十年的漫长的干旱期。

第二种假说指的是公元前 2 世纪开始正式开发黄河上游草原地带所引发的问题。经过漫长的战争，汉朝成功地削弱了匈奴的势力，随后汉朝开始实施大规模的"徙民政策性迁徙者实边"政策，公元前 119 年约 70 万名百姓从黄河下游地区迁徙到了鄂尔多斯（现在的内蒙古自治区一带，黄河向北流淌的过程中水势发生绕转的地带）一带。问题是鄂尔多斯一带也像美索不达米亚一样属于半干旱地区。且不论土壤是否肥沃，如果人们在这片不常下雨的地区开辟出梯田实施轮作，将很容易使环境遭受破坏并形成恶性循环。加上上游地区的森林及表层土不断流失，致使黄河流域整体发生干旱及洪水的频率不断增加。

这两种假说都比较具有说服力，近来第二种假说更受人们关注。历史学家对清朝时期洪水暴发的记录进行了详细研究，结果发现清朝时期发生过 16 348 次洪水，其中大部分都发生在实施移民实边政策之后。

清朝时期，土豆、红薯、花生等农作物从新大陆被引入中国，人口也随之不断增长至 4 亿人，于是政府开始实施大规模移民政策，让百姓迁徙至鄂尔多斯及四川省西部等地区。从清政府的立场来看，移民政策是为了能够养活不断增长的人口不得已而为之的举措；然而 1780 到 1850 年间黄河决堤 12 次，频繁的灾害导致了大规模的起义，这最终造成了王朝的崩塌，从这个角度来看就很难断定移民实边是一项合理的政策。

1840 年鸦片战争后，清朝受外来势力入侵并最终灭亡，其中的原因虽然少不了鸦片的毒害致使满族军事力量被削弱，但还有一点不能被忽略，那就是长期以来环境持续受到严重破坏，特别是黄河中上游地区的森林变得荒芜，植被遭受破坏。清政府的无能固然是导致事态恶化的主要原因，不过传统社会对于气候变化及人口增加所带来的冲击找不到恰当的应对措施也是不容忽视的因素。

深度阅读

黄河一旦干枯北方就会燃起战争的硝烟

12 世纪后，中国领土的相当一部分被游牧民族占有。围绕着汉族势力弱化的原因，不少学者展开了激烈的讨论，其中白营和龚启圣的研究成果具有里程碑式的意义，推动这场讨论取得了重大的进展。

他们通过研究发现，黄河发生干旱的时期，（图 3-4 中的虚线正方形）北方游牧民族发起了大规模的入侵，黄河发生洪水或雨量较大的时期，游牧民族的入侵会减少，北方游牧民族占有的领土也会有所缩减。

但有一点值得关注的是 12 世纪以后黄河出现干旱的频率在持续增加。进入小冰期后，气候条件的恶化以及人口的增加导致黄河上游地区环境遭到破坏，这些因素都给干旱期的频繁出现造成了不容忽视的影响。

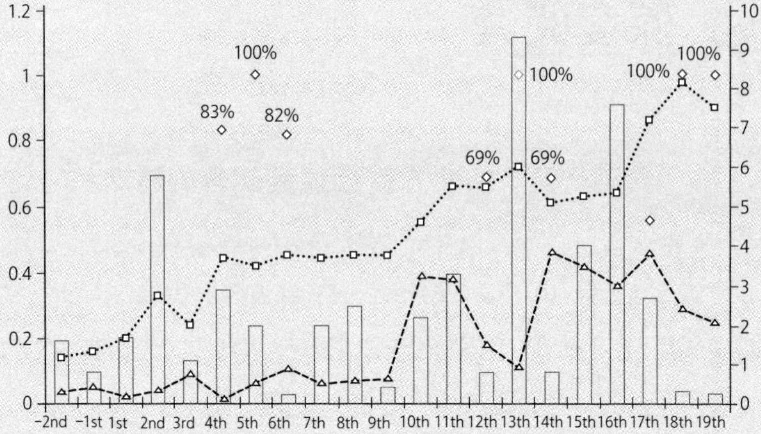

图 3-4　黄河干旱期的记录及干旱期与游牧民族入侵北方国境频率的关系

· 横轴表示时间变化，-2nd 指代公元前 2 世纪，19th 指代 19 世纪。左轴对应的是游牧民族占有中国领土的比例（菱形），可以发现 12 世纪以后北方游牧民族占有中国领土的比例一直维持在 50% 以上。右轴对应的是游牧民族入侵北方领土的频率（柱形图），黄河堤坝决口的频率（虚线三角形），黄河发生干旱的频率（虚线正方形）

数据来源：Ying Bai and James Kai-sing Kung(2011), “Climate Shocks and Sino-nomadic Conflict,” Review of Economics and Statistics，Volume 93 Issue 3, August 2011，pp.970-981

深度阅读

中国的人均收入是在什么时候被英国赶超的?

当我谈到“12 世纪宋朝时期中国历史上最为富有的阶段”时，不少读者可能会产生疑问。1978 年中国实施改革开放以来国家变得越来越富有是毋庸置疑的，不过我指的是从与同时代其他国家相比的角度来看，没有哪个时期能像宋朝那般富有。

表 3-1 展现的是对过去中国人均收入的推测。包括史蒂芬·布罗德拜利（Stephen Broadberry）在内的一些学者利用人口、耕种面积、农业以外的产业发展相关数据为基础展开了这项难度较大的研究[1]。根据他们的研究结果可发现，中国的人均国内生产总值在北宋及明朝初期达到最高峰，清朝时期呈现持续下降的趋势。当然这并不是说清朝时期的经济绝对体量有所下降，而是指由于引进了土豆、红薯等农作物后人口激增，人均收入有所减少。也就是说，中国的人均收入明显被英国赶超的时期是在明朝

---

1 Stephen Broadberry, Hanhui Guan, and David Daokui Li(2017), *CHINA, EUROPE AND THE GREAT DIVERGENCE: A STUDY IN HISTORICAL NATIONAL ACCOUNTING*, 980–1850, UNIVERSITY OF OXFORD Dis cussion Papers in Economic and Social History , Number 155, April 2017.

中期。

图 3-6 给我们带来了两点非常有意思的启示。首先可以发现宋朝中期（1100 年前后）农业生产效率（虚线）有了显著改善，这得益于占城稻等新型种子的引入以及王安石对新法的推行，新法促进了土地的大规模开垦，长江中下游的湿地转变为了沃土。第二点启示是清朝时期耕地面积（黑实线）大幅增加。明朝时期的耕地面积与宋朝相比没有明显的差异，而清朝时期耕地面积却有了大幅提高，这是因为清朝在征服了蒙古、准噶尔等周边地区后针对这些地区大规模实施移民实边政策的缘故。尽管耕地面积在持续扩大，但由于人口增加速度过快，清朝的人均粮食收获量随之不断减少，人民的生活水平也就难免出现下降的趋势。

表 3-1 中国及英国人均国内生产总值变化趋势
（单位为美元，1990 年的价值）

（年度）	中国	英国	中国 / 英国（英国 =100）
980	853		
1020	1 006		
1060	982		
1090	878	754	116.4
1120	863		
1270		759	
1300		755	
1400	1 032	1 090	94.7
1450	990	1 055	93.8
1500	858	1 114	77.0
1570	885	1 143	77.4
1600	865	1 123	77.0
1650		1 110	
1700	1 103	1 563	70.6
1750	727	1 710	42.5
1800	614	2 080	29.5
1840	599	2 521	23.8
1850	600	2 997	20.0

· 该表展示的是 980 年至 1840 年中国及英国的人均国内生产总值及中国对比英国的相对数值（英国 =100）。从人均收入的角度来看，直到明朝初期，中国相比英国占据着优势或不相上下，但清朝时期与英国相比，中国的人均国民生产总值则持续性地呈现较低水平，1800 年前后，两国间的差异出现了明显的扩大。

数据来源：GB: Broadberry

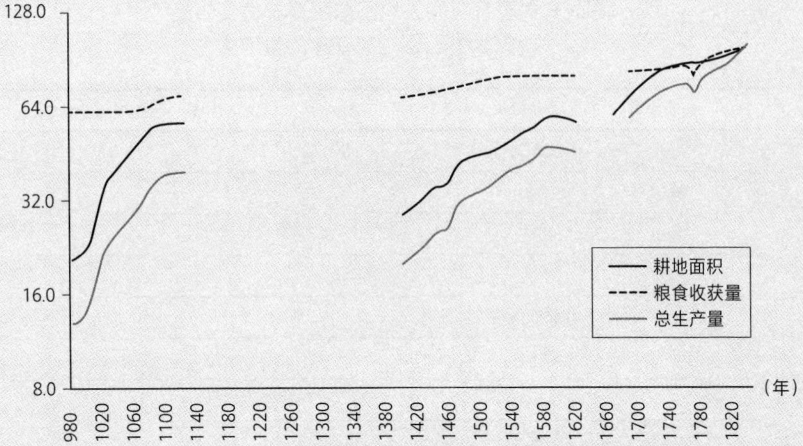

图 3-6 中国的耕地面积、粮食收获量及总生产量（1820 年 =100）

· 1127 年到 1400 年的统计数据缺失，是由于北宋灭亡后中国整体的统计数据缺失。1620 年到 1700 年前后的统计数据也出现缺失，因为明朝灭亡后相当长一段混乱期中并没有实施正规的国税税收

数据来源：GB：Broadberry

ESG 风潮的起因是什么？

给我们的启示

在第三章中我们观察了气候变化是如何影响人类的历史，特别是经济发展趋势的。不仅是经济方面的实力，气候变化也会对一个国家的兴衰产生巨大的影响。从这个角度来看，我们应该意识到近年来气候变暖将会给世界造成怎样的影响。近来大气中二氧化碳的浓度已经达到了 400ml/m^3，这一数值已经是 2 300 万年以来的最高峰，这不得不引起我们的重视。

受到这方面的影响，近期金融市场的投资人士对于 ESG 投资也表现出越来越浓厚的兴趣。这里所讲到的 ESG 投资指的是针对那些能够对环境（Environment）及社会（Social）产生积极的影响力或管理结构（Governance）优秀的企业进行投资的原则。ESG 取的是 Environment，Social，Governance 三个单词的首字母。简单来说，指的是对那些会给环境造成危害或给社会带来不良影响的企业不予投资，而对那些对环境友好、社会效益高的企业予以投资或强化支援的投资策略。

当然站在这项策略对立面的投资者也不在少数。比如，2017 年就有持与 ESG 相反策略的交易型开放式指数基金（ETF，像股票一样能够进行自由交易的基金）上市并受到了关注。这只基金主要针对酒类、香烟、大麻进行投资，不过其上市后的表现并不活跃。从这只基金上市后持续下跌的趋势来看，很难对其有正面的评价。

而响应 ESG 策略的呼声却一浪高过一浪。近来，运营着 700 万亿韩元资产的韩国国民养老金基金运营本部部长提道："ESG 种类的投资应对下行压力具有良好的恢复力。包括国民养老金在内的机构投资者们，从降低风险、提高收益率的角度应该考虑进行 ESG 方面的投资。"不仅如此，运营资金达 1 万亿美元的世界最大的主权财富基金（GPFG），挪威石油基金最近也中断了对勘探及开发原油、煤气的企业的投资。我们能够看出，当前社会的投资趋势是对涉及 ESG 的种类及行业的关注度在不断提高。

那么 ESG 投资的成果究竟如何呢？目前尚且难以发现明确的成果。在 2020 年初的股市暴跌局面中，针对全球 ESG 企业的投资指数呈现相对稳定的趋势，而韩国 ESG 企业的投资指数却显现较为低迷的势头。不过最近依照 ESG 投资策略制定的交易型开放式指数基金的规模正呈现快速增长势头，从长远来看，未来还是充满希望的。据哈佛大学商学院的研究显示，遵照 ESG 投资策略的企业在筹措投资资金时更为便利，其经营成果也相对更加显著，这些企业在不断改善投资成果方面还是充满着希望的。

The History Of Money

第四章

为什么西方得以在19世纪称霸世界？

美元是如何成为国际关键货币的？

01

The History of money

2019 年末，当中国武汉刚刚出现新冠肺炎疫情时，世界金融市场还处于平静的状态之中。特别是 2020 年 1 月 23 日，武汉封城、病毒传播速度比预期中要快等消息被报道出来时，美国道琼斯工业指数（Dow Jones Industrials Index，以 30 家美国著名的工业公司股票为编制对象的股票指数）仍然呈现上升趋势，并在 2 月 12 日突破了历史最高值（29 551 点）。然而，从 3 月份开始情况发生转变。继欧洲之后美国的新冠肺炎患者数量不断激增，随着 3 月 11 日世界卫生组织（WHO）宣告新冠肺炎为全球性大流行病（Pandemic），包括美国在内的世界股票市场均呈现一片下跌的局面。3 月 23 日，道琼斯工业指数跌至 18 591 点，仅仅 2 个月的时间股票价格下跌超过了 37%。

中国作为经济大国，经济总量已接近美国的 2/3，当中国发生大规模公共卫生事件时全球股票市场并没有受到明显的影响。然而当美国发生大规模公共卫生事件时，股票市场就开始一路下跌，这其中的原因是什么？

要想解开这个疑问，我们首先需要了解关于关键货币（Key Currency）的知识。所谓关键货币，指的是一个国家在进行出口结算过程中用作支付手段的货币。比如，韩国的汽车零部件公司向中国的汽车公司出口零部件时一般使用美元进行货款交易，美元就成了用作支付手段的货币。2019年在全世界的外汇交易中，美元所占比重高达88.3%。在世界国民生产总值（GDP，一年当中全世界生产的最终生产物的价值总和）当中，美国所占比重超过20%，相当于美元的影响力达到了本国经济规模的4倍以上。

基于这样的状况，从金融市场参与者的角度来看，美国是关键货币国家，即便将其他所有国家发生的事件进行累计也不如美国的动向更为重要。比如，由于某种原因，美元的价值突然上升，那么对于像进口商或从海外借入美元的人们等此类存在美元需求的人群来说必然会受到巨大冲击。因为这些人在外汇市场需要支付比以前更多的费用才能购买到美元。20世纪80年代初的拉丁美洲债务危机、1997年亚洲金融危机等都是在美元价值处于上升阶段时发生的事件。美元价值的上升或下跌足以影响世界金融市场，美联储（美国联邦储备系统的简称，美国的中央银行）的货币政策变化备受关注，也是因为世界上大部分工业国家都是以美元为基础实施经济运行政策的缘故。

国家与企业对美元所持有的态度尚可理解，那么普通民众为什么会对美元如此重视，而且心情会随着它价值的变动起起落落呢？这是因为美元作为关键货币不仅在贸易往来中用于支付货款，而且还具有“储备货币”（Reserve Currency）的功能。我们来假设一个生活在新兴国家A国的富人，从他的立场思考一番。A国虽然具有民主选举制度，但当选举出的领导人突然变换政策该怎么办？甚至不经过正常程序进行选举，而是随心所欲地征收税费、扣押财产，这时又该如何是好？A国的富人要好好思索一番该怎样做才能保障自身财产的安全。

这种情况下，如果A国的富人有机会将财产兑换成巴西雷亚尔或美元并存入相应国家的银行，那么他应该把钱兑换成哪种货币？恐怕他连想都不用想就会选择美元。虽然巴西雷亚尔也是位于世界交易量第20位的重要货币，但美元与巴西雷亚尔相比还是相对更安全一些，并且无论去到世界上哪个国家都能够依照官方的汇率兑换成其他货币。世界各国大部分银行都提供将账户上的美元转账到别处的服务，利息也相当划算。金融危机前，仅就韩国来看就不难发现，美元黑市商人能以比政府规定的汇率更为优惠的价格买入美元。

由于上述种种原因，在全世界主要的中央银行保有的外汇储备中美元占据了62%的比重。外汇储备属于“为了防止金融危机或战争等突发事件而预先加以储备的资金”，世界上大多数国家最先选择保有的货币在外汇储备中占据最大比重是再理所当然不过的事情了。

1919 年召开的巴黎和会的首脑们
从左侧起分别是英国首相劳合·乔治，意大利总理奥兰多，法国总理克里蒙梭，美国总统威尔逊

从什么时候起美元成了关键货币呢？

美国经济规模成为世界首位是在第一次世界大战之后，美元成为关键货币则是在第二次世界大战之后。使本国货币成为关键货币还有一个重要“条件”，那就是“在战争中不能输”。在一战中美国的死伤者达到 36 万名之多，联合国军中的主力英国损失了 300 万名，另一主力法国的牺牲者达到了 560 万之多。一战结

束后签署的《凡尔赛条约》中规定法国占有阿尔萨斯 - 洛林地区，英国则获得德国的殖民地，美国并没有显著的收获。

但在二战结束后情况却变得有所不同了。美国分别在欧洲和太平洋地区与德国和日本展开战斗，最终均获得了胜利。战争结束后美国积极促进战犯审判并推进马歇尔计划（Marshall Plan，美国提供大规模援助，促使欧洲经济从战后废墟中恢复）的实施。直到二战之前英镑一直占据着关键货币的地位，二战后这一地位则被美元取代。

为什么只有“在战争中不输”的国家才能够使本国货币成为关键货币呢？为了消除这个疑问，我们先要回顾一下 1807 年的世界形势。

当时的美国还是一个刚独立不过 40 年的弱小国家，深受霸权主义国家英国的种种折磨。英国与拿破仑统治下的法国展开了长达 15 年的战争（1799—1814 年），对法国船只的海外航行进行了彻底封锁。这期间美国深受其害。英国海军在美国东部海岸不停地巡逻并对美国国籍的船只为所欲为，不仅实施搜查而且扣押船员、没收货物。

美国人虽然心里希望能马上和英国开战，但并没有信心取胜的杰斐逊总统于 1807 年 12 月通过了《禁运法案》。这不过是一个权宜之计，与其不断受到英国的骚扰，干脆就不让船只出现在海上。美国原本每年向海外出口 11—19 万吨的货物，自从 1808

年开始实施《禁运法案》后，出口货物量仅有3万吨左右。在禁运条例的限定之下，就连3万吨的出口量都是由走私贩完成的。随着政府强化监督出口走私问题，本就不多的出口量持续减少，制造业从业者及商人所遭受的损失像滚雪球一样越来越大。

14个月后，也就是在1809年3月，杰斐逊总统下令废除了《禁运法案》。经济学者推测由于1807年的贸易封锁政策，美国国内生产总值遭受到了约5%的损失。全球金融危机时经济增长率为–2.5%，参考这一数值可发现《禁运法案》所带来的损失是全球金融危机带来的损失的2倍之多。

1812年美国向英国宣战，美国遭受到不断扩大的经济损失以及英国的强制性压迫，从某种意义上来看，这次宣战正是美国对英国的反抗。当然，英国当时正处于与法国的交战状态，这也是美国发动战争的原因之一。

1814年，随着拿破仑军队被英国为首的同盟国击败，状况发生了急速转变。英国更加有余力调派兵力，于是转而对美国本土展开猛烈攻击，美国首都华盛顿遭到焚烧，损失惨重。但此时英美两国都已经不具备将战争持续下去的强烈意愿。在经历了与法国的长期交战之后，英国遭遇到大量的人员损失；英国战胜法国后，美国解除了海上封锁并在一定程度上缓解了贸易上的困境。1814年在签署了《根特条约》之后，美英战争宣告结束，两国又达成了协议恢复以前的友好关系，但美国并没有就自身遭遇的损失从

英国海军元帅詹姆斯·干比尔与美国的约翰·昆西·亚当斯在签署了《根特条约》之后握手

英国那里获得任何补偿。从这个事例可以看出，当时的英国正是因为占据了首要军事强国地位，才得以确立英镑关键货币的地位。

“在战争中不输的”国家的货币是最为稳定的，在战争中获胜使得英镑的人气水涨船高。这里需要再增加一条成为关键货币的重要条件，那就是“民主决议过程”。1688 年光荣革命以后，虽然形态尚不完整，但英国已经奠定了民主政治的基础。不过这里的民主政治指代的是一种相对的概念。18 世纪英国下议院共有 558 个席位，仅英格兰就占据了其中的 489 个，在选区的决定方面存在很大的随意性。不过，英国国王对法律不能够随心所欲进行裁定，不经过议会的同意也不能任意收取税费，相对于其他欧洲或亚洲的国家，英国属于“相对”较为民主的国家，而且可以确定的是英国已经实现了法治主义的统治。

17世纪深受专制王权困扰的欧洲贵族及富人纷纷将目光转向英镑，英国的银行自然对此大加欢迎。虽然即便英国也会出现像克伦威尔（Oliver Cromwell）这样的独裁者，但自从1688年英国发起光荣革命，有效抵抗了詹姆斯二世的任意征税及暴政之后，与其他国家相比人们对英国的信任程度大为提升，认为英国能够避免类似情况的发生。

从此英国国内呈现一种良性循环的发展态势。掌控着关键货币的国家在战争中失败的可能性也随之大大降低。15世纪后，欧洲的战争主要呈现“总体战争”的形态，越是能够轻而易举地筹措资金的国家在战争中获胜的可能性就越大，这一点是毋庸置疑的。

在下一节中，我们将仔细分析一下经济实力是如何成为左右战争成败的重要因素的。

深度阅读

全世界交易量最多的货币是什么？

国际清算银行（BIS, Bank for International Settlements）是一家国际金融机构，主要进行各国中央银行间的货币清算或接收存款等方面的业务，总部设在巴塞尔。国际清算银行为了评定银行的资本是否健全，导入了包括著名的“BIS 自有资本比率”在内的多样化规则。国际清算银行以三年为一个周期，对全世界外汇交易市场中最为活跃的货币进行排序并公布。

从表格 4-1 中能够看出，2004 至 2007 年，在外汇交易中占有率的第 1-4 位的排名完全没有变化。美元是全世界交易量最高的货币（88.3%），其次是欧元。不过近来欧元所占的比重在快速降低，由此可见欧洲经济正面临着艰难的局面。排在第 3 位的是日元，第 4 位的是英镑。前四位的排名在今后基本也很难发生变化，因为排名第 5 位之前与之后的货币交易量差异非常明显。人民币虽然从 2004 年的第 29 位上升到了 2019 年的第 8 位，但交易量仅为排在第 4 位的英镑（12.8%）的 1/3，前进的道路依旧很漫长。

表 4-1　2004 年以后主要货币在外汇交易中的占有率排名变化

	2004		2007		2010		2013		2016		2019	
	占有率（%）	排名	占有率（%）	排名	占有率（%）	排名	占有率（%）	排名	占有率（%）	排名	占有率（%）	排名
美元	88.0	1	85.6	1	84.9	1	87.0	1	87.6	1	88.3	1
欧元	37.4	2	37.0	2	39.0	2	33.4	2	31.4	2	32.3	2
日元	20.8	3	17.2	3	19.0	3	23.0	3	21.6	3	16.8	3
英镑	16.5	4	14.9	4	12.9	4	11.8	4	12.8	4	12.8	4
澳元	6.0	6	6.6	6	7.6	5	8.6	5	6.9	5	6.8	5
加元	4.2	7	4.3	7	5.3	7	4.6	7	5.1	6	5.0	6
瑞士法郎	6.0	5	6.8	5	6.3	6	5.2	6	4.8	7	5.0	7
人民币	0.1	29	0.5	20	0.9	17	2.2	9	4.0	8	4.3	8
港元	1.8	9	2.7	8	2.4	8	1.4	13	1.7	13	3.5	9
新西兰元	1.1	13	1.9	11	1.6	10	2.0	10	2.1	10	2.1	10
瑞典克朗	2.2	8	2.7	9	2.2	9	1.8	11	2.2	9	2.0	11
韩元	1.1	11	1.2	14	1.5	11	1.2	17	1.7	15	2.0	12
新加坡元	0.9	14	1.2	13	1.4	12	1.4	15	1.8	12	1.8	13
挪威克郎	1.4	10	2.1	10	1.3	13	1.4	14	1.7	14	1.8	14
墨西哥比索	1.1	12	1.3	12	1.3	14	2.5	8	1.9	11	1.7	15

数据来源：（BIS）https://www.bis.org/statistics/rpfx19.htm

西方的军队为什么能称霸世界？

02
The History of money

在第三章中我们曾谈到过十字军东征，其实在与其他大陆展开的战争当中，欧洲人获胜的历史并不十分悠久。1241 年的维尔斯达特战争中波兰、德国的骑兵团惨败给蒙古的骑兵部队，如果不是当时蒙古帝国大汗窝阔台（1229—1241 年在位）突然离世，很有可能整个欧洲最终都会被踩踏在蒙古人的马蹄之下。欧洲军队的实力无法与其他大陆军队的实力相抗衡，不仅仅体现在这场战争中。1453 年，东罗马的首都君士坦丁堡被奥斯曼帝国攻陷；1470 年，威尼斯占领下的希腊南部内格罗蓬特（优卑亚岛）也被奥斯曼帝国收入了囊中。当时生活在西欧的人们每天都笼罩在恐慌之中，生怕奥斯曼帝国会闯入意大利和奥地利。

可是还不到 100 年，这种局面就发生了逆转。1509 年的第乌海战中葡萄牙击败了称霸印度洋的奥斯曼海军，1571 年神圣同盟（教皇庇护五世同地中海的绝大多数重要的天主教海上势力结成的同盟）在勒班托海战中击退了奥斯曼帝国的舰队。陆地战也同样如此。1529 年，奥斯曼帝国的苏丹苏莱曼一世率领奥斯曼帝国军队计划占领奥地利首都维也纳，却在维也纳之围中败北。此后，奥斯曼帝国在与欧洲国家展开的战争中很难再占据绝对优势。

究竟发生了什么事使欧洲得以摆脱之前积弱不振的局面？答案是“火药”武器的引入与发展。众所周知，中国发明了火药。传奇人物孙思邈所著的《丹经内伏硫黄法》一书中记载到将木炭、硝石、硫黄按照一定比例加以混合能够制成火药，这正是黑色火药。随后人们进行了各式各样的试验，到宋朝时突火枪被发明了出来。突火枪指的是一种竹子枪，在用竹节制成枪筒后里面放入火药，竹筒一端塞入石头，另一端钻出孔洞并连入引线即可。这种突火枪最初所起的作用仅只是使骑兵的马受到惊吓，由于火力有限，根本不可能阻挡住骑兵的突击。但是时隔 300 年，明朝将领戚继光却留下了以下的言论，足以证明火药武器成了抵抗骑兵的有效工具。

骑兵在五十步开外便开始射箭，我方使用的火枪、火箭、佛朗机炮等工具与箭相比，射程更远，准确度更高，谁能抵挡得住？纵使数万名敌军以排山倒海之势涌来，我方仅需静坐射出火器即可稳稳取胜。

16 世纪中叶，戚继光率领军队与在中国南部沿海大肆烧杀抢掠的倭寇展开了 80 余场战斗，均取得了胜利。当他被派往北方之后，又率军战胜了蒙古的骑兵部队。戚继光可谓是屡战屡胜的常胜将军。但他所言及的所有武器，包括火枪、火箭、佛朗机炮等武器其实并不是中国制造的，而是从欧洲进口的。虽然中国最早发明了火药，可是火药真正的发展其实是在欧洲实现的。为什么火药武器不是在中国，而是在欧洲得到了迅速发展和改良呢？

为了了解这一问题，我们需要关注一下 15 世纪末期欧洲境内掀起的“军事改革”。1483 年，法国国王查理八世怀抱强烈的愿望，想要打倒威胁基督教势力的奥斯曼帝国并称霸欧洲。要实现这一愿望首先需要满足两个条件。一个是拥有一支实力过硬的军队；另一个是战胜其他竞争者，成为对抗奥斯曼帝国的同盟的首领。因此，查理八世下定决心要先征服正在遭受奥斯曼帝国威胁的意大利。

1494 年初，意大利南部那不勒斯王国的国王费迪南多一世（1458—1494 年在位）离世，这对于查理八世来说无疑是天大的好消息。查理八世对外宣称自己享有对那不勒斯王国王位的继承权，同时表明自己将要征服奥斯曼帝国。当时以威尼斯、佛罗伦萨、热那亚等城市为中心的意大利通过与东方展开的贸易交流积蓄了巨大的财富，新兴的商人阶层对艺术家给予积极的支援，意大利迎来了人类历史上史无前例的艺术全盛时期。积累了巨大的财富与声望的意大利在周边欧洲国家统治者们的眼中充满了魅力，自然也成了他们想要掠夺的对象。

虽然有一颗蠢蠢欲动之心，但跨越遥远的征程去征服一个国家并不是轻而易举的事情。不过，如果在意大利内部找到同盟势力，那就另当别论了。当时，那不勒斯王国介入米兰公国的权力斗争之中，为了压制住这股势力，篡夺了侄子的权力登上公爵之位的卢多维科·斯福尔扎开始积极地促成米兰与法国结为同盟。

时机一成熟，查理八世就于1494年秋天率领2.7万名士兵越过了阿尔卑斯山。当时意大利的主要城邦国家都将防卫重任委托给雇佣兵队长。而雇佣兵队长对于雇主并没有强烈的忠诚之心，他们深刻地明白今天的敌人也许就会成为明天的雇主，因此并不会全身心地投入作战当中去。

与之形成鲜明对比的是，查理八世所率领的军队，他们冷酷无情、勇猛善战。查理八世的军队中大多是法国人，这是一支自古代罗马以后首次组建起来的常备军（保持现役状态以应对战时所需的正规军），他们对国王抱有至高的忠诚。查理八世的军队中半数以上都以枪和刀进行武装，在前往意大利的途中还雇用了在欧洲最具声望的瑞士枪兵雇佣兵。瑞士枪兵以擅长布下古代希腊的密集阵（Phalanx）而著称，他们手持长达5米的枪，布下的阵型如同刺猬身上的密刺一般，正好适合抵御全副武装的骑兵的进攻。

查理八世的军队中最为强大的还不是瑞士枪兵和法国常备军，而是炮兵。14世纪当火药刚传入欧洲之时，还不具备任何杀伤力，连敌人的城墙都无法攻破，经过百年战争的锤炼，火药技术得到了一代又一代的革新。法国王室的大炮制造者们采用铸造教会大钟的技术，成功铸造出了既轻巧又灵活的青铜大炮。青铜大炮的两侧铸有炮耳，不仅便于装载，在战斗中也能够灵活地调节射击角度。在火药方面，军队采用粒化火药制作法（corning，将火药粉末与溶液相融合后再加以干燥的方法），降低了哑炮出现率的同时也极大程度地提高了大炮的火力。

意大利军队对于法国军队中所采用的一系列革新措施全然不知，所以并没有将其放在眼中，认为法军根本不是自己的对手。1494 年 10 月，为了抵挡法军入侵而出动的那不勒斯王国的军队成了第一批牺牲品。那不勒斯王国军队占领了米兰附近的莫尔达诺（Mordano），准备迎击法军，可没想到不过 3 个小时城墙就被法军的大炮彻底攻破。为防御那不勒斯而建立起的巨大要塞蒙特圣乔瓦尼坎帕诺（Monte San Gionanni）也遭遇了同样的命运。法军 8 小时便击毁城墙占领了要塞，整个过程仅损失了 10 名士兵，法军取得了绝对意义上的胜利。

不到 6 个月的时间里，查理八世以破竹之势长驱直入占领了意大利。法国的壮举给欧洲各国带来了强烈的冲击。欧洲各国切实意识到时代发生了变革，躲避在城墙内防御敌军的进攻，派出为数不多的骑兵团维护城市周边治安的方式已经不再能够维护国家的安全了。

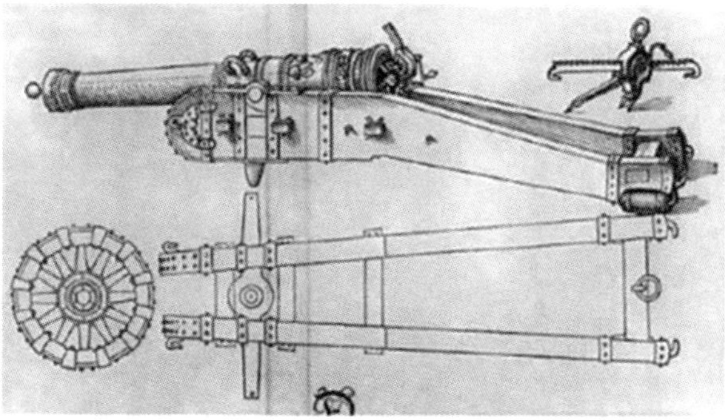

1527年的欧洲大炮
大炮两侧设计有炮耳便于将大炮架在炮架之上

但查理八世的统治势力在意大利南部地区却遭遇了阻挠。西班牙将伊斯兰教势力逐出伊比利亚半岛后建立起了强大的军事力量，他们发起了对法国的顽强抵抗。不仅如此，以威尼斯为中心的意大利北部城邦国家结成同盟阻断了法国的补给船航线。这些举措最终造成了法军无法返回本国。法国虽然采取了向那不勒斯王国派遣总督、驻扎军队等措施，但最终对于意大利的统治没能持续很长时间。

1499年，查理八世的继承人路易十二声称对米兰享有继承权并重新发动战争侵入意大利南部。与之前查理八世一路乘胜追击的势头恰恰相反，路易十二的军队遭遇到顽强抵抗，节节败退，最终在1503年在与西班牙展开的至关重要的较量中完全败下阵来。西班牙军队一方面挖掘战壕阻挡法国骑兵部队的进攻，一方面使

1494 年 11 月 17 日进驻佛罗伦萨的查理八世的部队

用火枪加以攻击。面对西班牙的全新战术，法国军队束手无策。就这样，法国的“不败神话”持续了不到 10 年便画上了终止符。

导致法国战败的因素是多方面的，但其中至关重要的一点是竞争者们对于法国革新性战术的迅速效仿。最具代表性的就是西班牙方阵（Tercio）。如同 1494 年法军所展现出的方式一样，西班牙方阵采用了集中布置枪兵以抵御骑兵部队突击的阵型，并在此基础上进行了革新，就是在枪兵周围布下火枪兵用来应对背后受攻击的危险，可谓是法国战术的“升级版”。不少评论认为西班牙方阵的最终形态是在 1534 年形成的，那么不妨认为西班牙在 1499 年第二次意大利战争时期就对此方阵的设计进行了试验。

除了战术的效仿之外，还有包括西班牙在内的竞争者财政负担能力的提升也是致使法国战败的原因。火药武器本身造价高，再加上维持数以万计的常备军，更是要消耗不少费用。当初法国之所以能够最早实现军队的革新，一方面是因为火药武器的发展已经持续了 100 年，法国完全掌握了相关技术；另一方面则在于经过了与英国的百年战争，法国完成了坚实的内部整合，因此能够自由制定税费征收标准。只要能够维持财政能力，法国的霸权也就得以延续。80 年后的 1578 年，法国年人均征税额度是 16.65 克白银，而同一时期的中国是 3.36 克白银，达到了中国的 4 倍以上。

当时法国王室将 80% 以上的税收都用在了战争当中，然而需要支出庞大的军事费用的国家不是只有法国。同时期的奥地利将 93% 的税收都花在了战争开支上。从这些数值不难看出，当时的欧洲国家为了强化军事力量可谓竭尽了全力。

西欧的主要竞争国家要想与法国抗衡最重要的莫过于扩充财政实力，这一点通过 1492 年哥伦布发现新大陆得到了解决。西欧国家从美洲大陆源源不断地进口大量贵金属，由此创造出的财富不仅能够令他们雇用到精良的雇佣军，而且足以使用火药武器来武装起军事队伍。

15 世纪开始，西班牙、英国等西欧国家纷纷向海上进发，这均是受到了当时贵金属价格一路攀升的影响，与此同时很大程度上也是因为这些国家极为迫切地想阻止法国的霸权地位，想充分利用一切机会增强自身实力。西欧国家向海外发展尚且不到100年，却给朝鲜的历史也带来了巨大的影响。1592 年壬辰倭乱的起因与日本战国时代的终结息息相关。

下一节我们来看一看西方传入的火药武器给东方的历史造成了什么样的影响。

深度阅读

欧洲各国获得了多么庞大的税收?

15世纪末意大利的文艺复兴走向衰落,其中的原因不乏赞助者的没落。美第奇家族是文艺复兴中代表性的赞助者,同时也是佛罗伦萨的统治者,但在宗教运动领袖吉洛拉莫·萨伏那洛拉(Girolamo Savonarola)的影响下掀起的市民暴动中,美第奇家族被赶出佛罗伦萨并逐渐销声匿迹。曾经引领着意大利政治与经济的美第奇家族之所以会没落主要是由于意大利的衰亡导致的。意大利的城邦国家在法国、西班牙、奥地利等强国的侵略下倒塌,无法保护市民的生命及财产安全的领导人终将会成为被弹劾的对象。

15世纪以后,英国、法国、西班牙、奥地利等欧洲主要强国军费支出究竟达到了何种水平才足以击垮富有的意大利城邦国家呢?

以1688年意大利独立的自治城市为例,其总税收达到了国民收入的大约1/4的水平。再来看法国的情况,法国对国民收入的征税率从1450年的18%下降到了1525年的10%,反而呈现缩减的趋势。也就是说,意大利城市中的市民人均支出负担更多,这主要是因为向集中居住在城市的富有市民征收税费更为容易的缘故。

那么问题就是“人口”了。佛罗伦萨和威尼斯等意大利城市的人口最多不过15万—20万。而15世纪末法国人口约为1 500万，西班牙人口为680万（如果算上奥地利哈布斯堡王朝的200万人口以及其他领土上生活的人，人口数量可超过1 000万），英国人口为390万。

这些人口大国逐渐统合为单一的政治体系，征税额度也随之快速增加起来。例如，法国的年人均征税额度从1578年的16.65克白银上升到1776年的61.11克白银，几乎是原来的4倍。更令人难以置信的是英国，同一时期英国的征税额度从10.47克白银暴增到180.06克白银。不过，从18世纪起英国开始了工业革命，人均收入在飞速增加，因此不能单纯地就征税额度进行比较。

即便是考虑到种种特殊因素，也不难看出欧洲各国究竟面临着何等激烈的竞争局面。同一时期中国的年人均征税额度从6.09克白银上升至8.08克白银，几乎没有明显增长，由此可见中国的军队装备水平必然会逐步落后于欧洲。

表4-2　1578年及1776年中国/英国/法国的年人均征税额度

（单位：银，克）

国家	分类	1578年	1776年
中国	总额	6.09	8.08
	中央政府控制税收	3.56	7.03
英国	中央政府控制税收	10.47	180.06
法国	中央政府控制税收	16.65	61.11

数据来源：필립 T. 호프먼 (2016),『정복의 조건』, 63 쪽

壬辰倭乱初期，朝鲜军队为何单方面受制于日本军队?

03
The History of money

直到现在我仍然清晰地记得儿时在阅读《惩毖录》（朝鲜宣祖时期宰相柳成龙所撰写的书籍，被列为国宝第132号）时曾感叹朝鲜为何如此软弱。虽然那时阅读的并非原作，而是专供儿童阅读的简化版故事书，但书中的内容并没有被篡改。有了当时的铺垫，近来我在阅读专业研究者所撰写的书籍时感到甚为熟悉。

在壬辰倭乱初期，朝鲜军队受制于日本军队的原因是什么呢?不少学者指出，当时朝鲜的名将申砬放弃了便于防御的高山地形鸟岭（闻庆鸟岭），却选择了弹琴台一带的平地进行战斗，是导致战争失败的决定性因素。然而申砬是曾经率领军队与女真族展开激烈斗争的朝鲜著名将领，而且他所率领的士兵又大多为骑兵。他选择能够令骑兵自由活动的平地作为作战场地似乎并不能一味地被看作错误的抉择。

况且在高山地带进行防御战，存在两点问题。一个是面对敌军，士兵们很容易利用林间小道逃走，另一个是除了鸟岭之外，还有秋风岭、梨花岭等诸多通往汉阳的道路。也就是说如果朝鲜军队在守卫鸟岭的过程中遭遇从其他路径赶来的日军的夹击，很容易就会陷入危险之中。

最终申砬率领的朝鲜精锐部队根本没来得及发挥自身实力就败下阵来，与其说这是战术问题，更多的原因其实在于朝鲜军队在没有过多防备的状况下遇到了一支成熟的军队，因为这支军队已经经历过了“军事改革”。就像是1494年法国架起大炮战胜了意大利一样，日本军队在当时也已经将火药武器作为主要作战工具了。日本军队所拥有的火枪数量甚至超过了法军，而且如同1499年第二次意大利战争中西班牙军队通过巧妙的战术以压倒性的优势战胜了法军一样，日本也开发出了能够令对方骑兵部队束手无策的多样化作战手段（战壕、围栏）。

日本当时致力于开展军事革命，最能够展现革命效果的例子就是长篠之战。1575年，掌控着名古屋地区的织田信长军队与日本东部势力集团武田胜赖的骑兵部队在长篠的原野上展开了战斗。在这场战斗中最著名的事情就是织田信长及他的联合势力集团（德川家康）依靠前所未有的先进战术而大举获胜。这里所提到的先进战术不是别的，正是火枪和围栏。织田信长部队先行赶到长篠，在原野上设置了围栏并将1 000杆（另有说法是3 000杆）火枪装好弹药，蓄势以待武田胜赖骑兵部队的到来。武田胜赖充分相信经过精良训练的骑兵部队，选择正面迎战，结果不到半天就彻底败下阵来。近来的研究中有人指出长篠之战并没有起到彻底颠覆

描绘 1575 年长篠之战的画作
左侧是织田信长的部队，右侧是武田胜赖的部队

势力版图的作用，不过就像 1494 年的第一次意大利战争一样，这场战斗非常鲜明地展现出火枪部队已经取代了骑兵部队在战争中的主轴地位。

不过这里存在着一个疑问。火枪装弹药耗时长，特别是遇到下雨天根本无法使用，那么战国时代最强大的武田胜赖骑兵部队怎么会败给了火枪呢？答案是“三段击”。织田信长将射手排成 3 列，令他们交替进行射击和装弹，这样就缩短了射击时差，使得武田胜赖的骑兵部队处于不断受攻击的状态中（也有人指出由于当时没有留下记录，这些不过都是后人的推测而已）。将大量火枪进行有序编排，得以集中射击，这种新方法的发明可谓是具有划时代意义的进步。

侵略朝鲜的日军是怎样掌握了火枪技术的呢？要想解开这一疑问，我们先来看一看当时东亚海域上的状况。1543 年，位于日本九州岛南侧的种子岛海岸处飘荡着一艘船，船上的乘客中不仅有 100 余名中国人，还有一些红皮肤、卷发头的人。伴随着 1492 年哥伦布发现美洲大陆，1498 年达·伽马发现好望角，“大航海时代”拉开了序幕，这给东亚也带来了一定的影响。

统治着岛屿的种子岛岛主，也就是种子岛时尧将船上的这些人召唤到身边。种子岛时尧被这些异乡人（葡萄牙人）所携带的形似长棍子一般的物品深深吸引，这就是火枪。种子岛时尧用 2 000 两白银换取了 2 杆火枪。当时 1 名士兵 1 年的俸禄是 10 两，2 000 两白银相当于 200 名士兵 1 年的俸禄，可谓是一笔巨款。

当时的东亚也存在枪支。不过这些枪支不仅没有枪托，难以瞄准目标，而且在发射前点燃引线所耗费的时间较长，与骑兵部队作战时几乎就是无用之物。葡萄牙人所携带的火枪却进行了三方面的革新。首先是枪托。将火枪设计成有枪托的长杆状，这样一来就便于士兵把枪架在肩膀上进行射击。其次是用火绳（火引线）或金属品来代替火石。这样一来点火用具燃烧时间长，可持续利用时间久。第三点是将扳机改造成点火装置，把弯成圆形的铁片安装在火枪侧面，铁片底部充当扳机，铁片顶部点着火牵拉住缓缓燃烧的火绳。当士兵扣动扳机时火绳自动接触火皿，士兵只需双手持枪操作不需再用眼睛确认，自始至终紧盯着目标瞄准射击即可。

这三方面(枪托、火石、扳机)的革新极大地提高了火枪的性能,使得火枪具备了成为战场上主力武器的潜能。这也就是为什么不仅是种子岛岛主,全日本的大名(对于10世纪到19世纪掌控各个地方的领土并享有权力的领主的称呼)都在争先恐后抢购火枪的原因所在。

问题在于购买火枪需要钱。就算大名有权有势,购买火枪的钱也不会从天而降。更何况葡萄牙商人在日本生产的诸多物品当中仅对白银感兴趣,因此,像织田信长这样掌控着工商业中心地带,能够获取大量白银的大名就能够建立起强大的火枪部队,而不具备这种实力的大名就会像武田胜赖家族一样付出灭亡的惨痛代价。

大名们购买火枪的白银是从哪里来的呢?日本的银矿虽然丰富但冶炼技术不成熟,因此银产量并不高。自16世纪中叶日本掌握了朝鲜的金属冶炼术之后才逐步跃升为世界著名的白银生产大国。在开采过程中,白银往往连同铅、锌等矿石被一同开采出来,因此就需要将银从矿石中分离出来。燕山君时期(1494—1506年在位),金甘佛、金俭同等人革新了金属冶炼技术。《朝鲜王朝实录》当中有如下记载。

良人金甘佛、掌隶院奴金俭同以铅铁炼银以进曰:"铅一斤,炼得银二钱。铅是我国所产,银可足用。其炼造之法,于水铁炉锅内,用猛灰作圈，片截铅铁填其中，因以破陶器，四围覆之，炽炭上下以铄之。”传曰：“其试之。”

在当时，对包括丝绸在内的中国生产奢侈品的需求量大增，白银作为交易中使用的国际通用货币，需求量自然也在不断攀升。燕山君对金属冶炼技术格外关注自然也在情理之中。随着全新的金属冶炼技术的开发，咸镜道端川、江界、枫川等地均掀起了大规模的矿山开采热潮。尤其是端川，更是成了当时朝鲜最大的银矿。

1506 年中宗反正致使燕山君退下了王位，银矿开采热潮也随之迅速冷却。反对燕山君、挑起政变的势力集团打着“弊政改革”的旗号将燕山君在位时提倡的事情都打压了下去。当时还有人提出，朝鲜是一个重视农业发展的国家，如果继续生产白银并与别国进行交易，国家之根本便会崩塌，这一主张进一步加速了白银开采事业的中断。由于货币短缺，朝鲜的经济陷入困境之中，虽然 1516 年朝鲜重启了对端川银矿的开采工程，但统治者担心白银大量短缺的明朝会要求朝鲜进行朝贡，于是再次废止了开采工程。

事已至此，冶炼白银的技术者们就不得不另谋生路。比如当时就发生过从四品判官柳绪宗就向居住在釜山倭馆的日本人泄露了铅银分离技术的事情。他在前往釜山上任之前曾任义州判官，义州是与明朝国境相接的商业城市，柳绪宗就是在这里学到了银矿开采的技巧。他由于泄密受到了惩罚，但政府不可能对为数众多的技术者全部实施监视，最终朝鲜的新技术被逐渐利用到了日本的矿山开采当中。

位于日本岛根县的石见银山是世界著名的银矿遗址，2007年被联合国教科文组织列为世界文化遗产。根据相关记录显示，1526年石见银山正式开发，1530年前后博多商人神谷寿贞请来朝鲜的两位技术人士庆寿和宗丹指导铅银分离术，此后日本在银矿开采方面取得了质的飞跃。石见银山只是当时银矿开采热潮的一个缩影。

由于年代久远，已经无法准确地测算日本境内究竟开发了多少座银矿。我们只能通过一些记录大约估算出当时的规模。16世纪末从生野银矿（现在的兵库县）运送给丰臣秀吉的白银就达到了1万千克，矿山的年生产量在6—9吨。日本历史学者保田综合了各个地区的资料进行研究，推算出17世纪初日本的白银出口量能够达到每年20万千克。

白银的生产使得日本又多了一个军事方面的有利条件，因为白银能够换取制造火药时所必需的决定性原料——硝石。一般黑色火药的组配比例是硝石75%，硫黄10%，木炭15%。日本是火山岛，自然容易获取硫黄，但由于缺乏硝石，所以在生产火药时往往会遇到困难。借助从朝鲜学来的“铅银分离术”，日本的白银产量不断提高，用白银便能够购买到大量中国南部地区的硝石。这样一来，就为培养和维系强大的火枪部队奠定了坚实基础。同一时期，

2007 年被联合国教科文组织列为世界文化遗产的石见银山

中国也正在使用火药武器来抗击北方游牧民族的入侵，正需要日本的硫黄。各自的需求促成了双方之间频繁的交易往来。

壬辰倭乱初期朝鲜陆军连连败退，一方面是由于长期的和平状态造成了军队疏于训练，而最为关键的因素还是在于以“白银”为中心的国际交易网络当中，朝鲜被孤立在外，从而也就彻底失去了掌握新武器的机会。日本国内能够集结成统一的势力集团，组编成多达 15 万人的庞大的远征军，这一过程中火枪的决定性作用是不容忽视的。15 世纪末在欧洲开始的军事改革更是给历史造成了巨大影响。这些事件不得不引发我们的反思。

但日本的军事革命在壬辰倭乱之后突然销声匿迹了。这是因为对于统一了日本的德川家康家族来说，强大的火枪部队给他们造成了巨大的威胁。此外，壬辰倭乱的战败其实预示着日本已经不具备向海外发展的可能性，对创新性军事战术开发的必要性也就随之降低，这些都可看作造成政策转变的因素。

最终，包括日本在内的东亚国家接连不断地遭遇了不敌西方势力的耻辱。壬辰倭乱之后，东亚国家的军事改革基本都处于停滞状态。与此相反，欧洲境内势均力敌的势力集团在不停地互相角逐，军事改革在不断进行。

在下一节中，我们将主要来看一看 16 世纪发生在欧洲的第二次军事改革。

深度阅读

日本的恺撒·博尔吉亚——织田信长

1494 年随着法国的入侵，意大利陷入一片水深火热之中，意大利的政治思想家马基雅维利一直梦想寻找到一位理想的君主来实现对意大利的拯救。他在《君主论》中谈到如下的主张。

除了战争，君主不应该有任何目标、思想和职业。

从这番言论能看出马基雅维利所处的社会状况，不过可惜的是，在当时的意大利并没有哪位君主接纳马基雅维利的思想，而是不断向前推动“统一意大利”的大业。马基雅维利曾一度极力颂扬教皇亚历山大六世之子恺撒·博尔吉亚（Cesare Borgia），称他为理想型君主，但由于恺撒·博尔吉亚在 31 岁时便早早离世，马基雅维利的梦想也随之破灭。

《东亚，海洋与大陆的对抗》（译名）一书的作者金时德教授认为，相对于恺撒·博尔吉亚，日本战国时期的武将织田信长反而更加完美地实现了马基雅维利的主张。

织田信长以统一日本为目标，逐个铲除了周边几乎所有的反对

织田信长的肖像画

势力。织田信长将以宗教信念为基础、牢牢团结起来的佛教势力视作危险的对手。当时日本的佛教徒引入了所谓圣战的概念，不仅使战争变得合理化，而且还向信徒们承诺死后的归宿，这极大地煽动起了信徒们的战斗热情。而另一方面，织田信长和以葡萄牙为中心的天主教势力保持着良好的关系。织田信长培养起来的火枪部队本身就是建立在欧洲的技术基础之上的；从天主教势力的角度来看，他们可以借助织田信长的军事力量压制自己的竞争对手佛教势力。双方的利害关系恰好保持一致。

1571 年，织田信长包围了佛教势力的根据地，京都（日本旧时的首都，当时天皇的居住地）北部的比睿山，他点燃大火制造了一场死亡人数达数千人的大屠杀。日本人对于织田信长的残暴行为深恶痛绝，但织田信长本人却深感自豪并称自己是“第六天魔王”。

织田信长无视宗教的权威，以明确的政治意图发起统一战争，他占领了日本的政治中心京都，继而又将触角逐渐伸向了西部地区。就在此过程中，1582 年织田信长却被自己的手下明智光秀杀害。

明智光秀背叛织田信长并将其杀害的原因引起了各方争论，马基雅维利的《君主论》中的这段话令我印象尤为深刻。

> 要成为君主之人对于所有的恶行一定要深思熟虑，如果有必要而为之，就要集中一次性完成。要想给百姓带来安全感决不能反复行恶。

就像马基雅维利所说的一样，有人推断织田信长杀人无数，制造血流成河的事件，使得秉持强烈的儒家道德观念的明智光秀动了铲除掉他的心思。不过明智光秀是在发生比睿山事件 11 年后才杀掉织田信长的，因此这一说法似乎也有待斟酌。可以明确的一点是，织田信长的确与人积怨甚深。

深度阅读

德川家康为何解散了火绳枪部队？

1592 年壬辰倭乱时，日本军队的战斗力无比强大。日本派出拥有 3 万余杆火枪的军队，经过 20 多天的战斗攻下了汉阳。除了幸州山城战斗等围城攻防战之外，日军在大部分的平地战中都取得了胜利。

日本在当时拥有世界上规模最大的火枪部队这一事实已经足以令人震惊，然而更令人感到惊讶的是 1613 年日本东部的大名伊达政宗将自己的手下支仓常长等人作为使臣派往罗马教廷这一事件。伊达政宗招募了 800 名木匠和 600 名铁匠，仅用了 45 天的时间就仿照欧洲帆船建成了属于自己的“圣胡安·巴蒂斯塔”号帆船。使臣们乘坐这艘船前往欧洲并于 1620 年安全返回。这说明当时的日本已经具有建造远洋航海帆船的能力了。

可是正当支仓常长的航海出访刚开始不久，1613 年德川家康政权却颁布了对天主教神父的驱逐令，开始实施一系列闭关锁国政策。为什么会突然之间实施这些政策呢？

原因是多方面的，不过其中有两个比较关键的因素。第一是白银产量的减少。依靠从 16 世纪初开始的大规模银矿开采热潮，日

1612 年出使教廷的使臣支仓常长的肖像画
他的身后是他们去罗马时所乘坐的帆船

本得以顺利培养火枪部队并完成统一大业。然而当白银产量下降，且通过贸易手段白银又在不断外流的情况下，日本经济自然会受到较大的影响。事实上德川幕府实施闭关锁国政策之后，在长达 250 年的统治期间，统治者都在致力于促成不是以金属货币为主，而是以大米为主的实物经济模式。明朝末期的混乱形式造成宋钱的进口中断，加之白银的生产量下降，才会促生了一系列的变化。

值得注意的是有人认为 17 世纪初，日本白银出口的减少加速了明朝的灭亡。白银可谓明朝经济的血脉，白银进口缩减造成明朝的经济状况急转直下，从而引发了包括李自成起义在内的诸多农民起义。虽然不好判断该说法的真伪，但通过这一事例却能较清晰地看出当时的东亚地区已经形成了何等紧密的关系体系。

德川幕府实施闭关锁国政策的第二点原因在于敌人的消失。自从1614—1615 年打击丰臣秀吉之子丰臣秀赖的大阪城之役结束后，日本内部已经不存在实力强大的敌人，维护火枪部队以及建造帆船也就失去了其必要性。当时荷兰和葡萄牙势力开始涉足东亚海域，但由于数量不多，因此也不会给日本造成大的困扰。自从在壬辰倭乱中战败以后，日本几乎不再可能向海外派遣军队，那么自然会调整方向，缩减军事力量。正因为如此，在 250 年后才会发生美国的佩里提督仅率领 4 艘军舰就强行叩开了日本国门的屈辱事件，而德川幕府在 1613 年是根本不会预料到这些事情的。

西方第二次军事改革从制式训练开始！

04
The History of money

如果问退伍的韩国男性“军队生活中最难忘的是什么”，从生化房训练到游击训练，答案可能会是多种多样的。不过如果把问题换成“最没用的事儿是什么”，估计大部分人都会说是制式训练。不少人可能都有过这样的经历：由于个别人在变换行军队列或左右转向的过程中不小心犯了错，造成所有人被团长或者营长训斥并且训练时间也被无限延长。大家会一边接受训练一边嘴噘得老高嘟嘟囔囔发牢骚。

到底是谁发明了制式训练，让我们在这儿受这种折磨！

发明出制式训练，准确地说是挖掘出制式训练的人正是16世纪荷兰独立运动领导人慕黎斯王子（Maurits van Nassau）。在讲述有关他的故事之前，我们先来交代一下有关的时代背景。1567年荷兰受西班牙帝国的统治，当时的西班牙哈布斯堡王朝不仅拥有美洲大陆的庞大殖民地，而且在欧洲范围内统治着荷兰、奥地利、意大利南部地区，拥有最为强大的势力。

西班牙帝国统治着广袤的领土，自然也就十分富足。特别是在玻利维亚的波托西、墨西哥的萨卡特卡斯发现了银矿之后，更是获得了巨大的财富来源，与其他国家相比，拥有足够的实力去组建强大的军队。当时西班牙军队正在进行体系创新，他们发明了西班牙方阵并不断向外进行拓展，所向披靡。他们能够雇用精良的雇佣兵，实现这一切，都是因为强大的经济实力做坚强的后盾。

但西班牙的统治者哈布斯堡王朝却缺乏“自制力”，在统治者看来，凭借广袤的领土加上每年流入的数千吨甚至数万吨白银，没有什么事是他们不能实现的。凭借着这股自信，他们每年都在不断地发起战争。根据历史学家的研究可发现，1400—1559年间最为好战的国家就是西班牙和奥斯曼帝国。1559—1648年间，西班牙大概有长达80年都处于战争状态之中。就算国力再强大，这样无休无止地发动战争终将会使财政枯竭。更何况西班牙面对的是与自己势均力敌的对手，法国拥有强大的战斗力且人口众多，奥斯曼帝国同样不容小觑。与这样的国家为敌，战争费用的负担只会越来越沉重。

事态发展到这个程度，西班牙开始转向欧洲境内最富有的地区，也就是荷兰，征收税费以筹措战争费用。刚开始荷兰人民还在规规矩矩地缴纳税费，可随着赋税的不断加重便逐渐出现了摩擦。特别是荷兰北部地区新教徒势力在扩大，西班牙自称是天主教的守护者，一直在打压新教派并不断课以重税，这激起了新教徒的反抗情绪。结果1567年在荷兰境内燃起了反叛的火焰，西班牙向荷兰派遣军队，从而拉开了长达80年的荷兰独立战争的序幕。

西班牙在战争初期以西班牙方阵作为主攻形式，占据了绝对的优势。不仅如此，西班牙的军队内部还拥有身经百战的优秀将领，加上强大的经济实力，他们能够从包括瑞士在内的欧洲各地雇用精良的雇佣兵，这样看起来，西班牙的大举获胜不过是时间问题而已。1585年，信奉天主教的荷兰南部地区（也就是现在的比利时地区）也选择与西班牙并肩战斗，西班牙这边似乎胜局已定。

然而战况却朝着意想不到的方向发生了扭转。1587年领导荷兰独立战争的慕黎斯王子拿出了新的战术，创造了反转战势的契机。慕黎斯王子认为要想击破西班牙方阵，最重要的是能够灵活地使用火绳枪。但在当时，火绳枪的使用步骤相当繁琐。在开枪之前需要先按顺序在枪口放进火药、填装物、子弹，随后用通条（测量枪炮中的火药或清理枪筒内部时使用的铁条）将其压实，再把不同种类的火药装进弹膛，然后把点燃的火绳固定在枪栓上。这一系列繁琐的步骤中哪怕做错一步就会导致发射失败。西班牙为解决这一问题专门雇用了以射击技术娴熟而著称的德国火绳枪士兵。而荷兰由于明显没有获胜优势，雇佣兵们都不愿为其服务，唯一的解决办法就是征用荷兰本土拥有强烈爱国之心的年轻人并对他们加以训练。慕黎斯王子将火绳枪从装弹到发射的复杂过程分解成42个动作，并将每一个动作都进行了命名，还制定出恰当的口令来对相应的动作下命令。

慕黎斯王子的创新之举中，比起反复训练42步分解动作更重要的创新就是“制式训练”。慕黎斯王子命令所有的士兵按照规定的步伐以及形式来进行前后左右的移动，从纵队变为横队，再由横队变回纵队。也就是将步兵编成队列来进行征战。慕黎斯王子所开创的这种线列步兵的阵型就是线形阵。线形阵的核心是“后退”，也就是当最前排的士兵完成射击后以最快的速度转移至队列最后排，在完成装弹药的同时，原先的第二排士兵完成射击。这样一来，慕黎斯王子设计的方阵中士兵们如果能有序进行调控，就可以实现连续射击。

不过这个战术中存在着一个问题。那就是在枪林弹雨及敌军的枪兵不断进攻突击的状况下，很难保证移动至队伍最后排的士兵不会临阵逃脱。为了解决这一问题，慕黎斯王子想出了两个办法。第一个办法是将队伍规模进行缩减，便于指挥官加以控制，同时引入士官制度，防止阵列中的士兵脱队逃跑。而比这个办法更有效果的其实是第二个办法，那就是通过长期持续的训练，使士兵们之间产生最本真、最强烈的社会纽带。长期接受训练的士兵即便是面对自己人身安全受到极度威胁的状况也会坚定地服从命令，而且为了拯救战友的生命敢于勇猛地冲进敌营，因为所有的士兵已经形成了一个共同体。

慕黎斯王子的肖像画

通过慕黎斯王子的一系列改革，荷兰在独立战争中取得了胜利。虽然荷兰不可能彻底击败当时最强大的西班牙军队，但在新港（Nieupoort）会战中荷兰造成了2 500名西班牙士兵死伤，还抓获了500名俘虏，成功地阻止了西班牙的进攻。这之后西班牙失去了以往的绝对优势，独立战争演变成了持久性的长期战争，西班牙国力大受损伤。

慕黎斯王子的军事改革最终由瑞典天才战略家古斯塔夫二世（Gustav II Adolf，1611—1632年在位）画上了句号。古斯塔夫二世在荷兰的训练方法（线形阵）基础之上又灵活地加入了新型大炮以助阵，从而在三十年战争（1618—1648年在德国发生的宗教战争）中取得了决定性的胜利。1629年，瑞典的技术人员创造出了能够进行连续发射的大炮Regementsstycke，大炮的重量仅为123千克，可以迅速完成移动。古斯塔夫二世的战略是在慕黎斯王子开创的线形阵后方安排大炮部队压阵，大炮能够每分钟连发三炮，这样一来整个阵线变得更加完美，力量更为强大。

到这里，我们也就明白了究竟是为什么在17世纪以后西欧的军队与其他地区的军队作战时能够持续保持不败。他们开发出了强大的火药武器，他们还成功地组建起稳固的战斗集团，即便是在敌军的眼皮底下展开枪击战也能够保证没有士兵临阵脱逃，他们拥有强大的力量，无论是全面战争还是长期战争都能够获得胜利。国家拥有强大的战斗集团，国王的权力也会不断得到巩固，国家的财政能力也会持续增强，这就又进一步促进了军队的发展壮大，这一切形成了一种良性循环。

维护好常备军并在数月甚至数年之间对他们进行不断的训练，这个过程需要庞大的军费开支，并不是任何一个国家都有能力去效仿这一战术的。荷兰能够在独立战争中取胜依靠的是东印度公司（VOC，荷兰为能够在东南亚地区寻求发展而在 1602 年创建的世界最早的股份公司）的强大支援。东印度公司掌控着东南亚一带，在包括胡椒在内的香料市场中占有垄断地位。慕黎斯王子的成功除了其本人具有军事战略方面的天才头脑之外，不可忽视的还有能够将他的构想付诸实践的强大的财力支援。

深度阅读

荷兰是如何积累财富的?

荷兰东印度公司本质上属于武装集团，也是为了获取垄断利益而不惜采取残忍行径的屠杀者。赤裸裸地展现这一面目的人物要数第四任东印度公司的总督科恩（Jan Coen）。科恩担任总督后曾在理事会上发表了这样的言论：“对我们而言，没有贸易就无法进行战争，没有战争就不能进行贸易。”

16世纪初，胡椒在整个香料贸易中占据了大部分份额，胡椒适合在广阔的热带地区生长，想要垄断胡椒的供给几乎是不可能的。而对肉豆蔻和丁香的垄断则相对更容易实施。因为肉豆蔻只生长于现在的印度尼西亚的班达群岛，丁香则只生长于邻近的摩鹿加群岛。肉豆蔻和丁香的栽培区域相对固定，流通中能够获取的利润极为庞大。以丁香为例，相对于丁香在其原产地摩鹿加群岛的价格，它在马来西亚南部的马六甲市的交易价格要高出30倍，在印度要高出100倍，在里斯本要高出240倍。

总督科恩意识到了这一事实，他在1621年对班达群岛的1.5万名居民实施了屠杀。他将不听从自己命令的原住民统统杀掉，从非洲、中国等地进口奴隶，开始实行种植园农业体系。就这样，荷兰东印度公司赚取了大笔的收益。从亚洲返回本国的船只在 1610—1620 年间不过 50 艘，而到了 1690—1700 年间则上升到 156 艘。荷兰东印度公司的股价在 1625—1647 年间增长了几乎 4 倍。慕黎斯王子军事方面获取成功的背后是荷兰东印度公司进行种族清洗及贸易垄断带来的收益。

表 4-3　1500—1659 年东南亚的胡椒出口量（单位：吨）

（年）	欧洲及中东	中国	印度 · 日本 · 美洲	合计
1500—1509	50	500	400	950
1510—1519	100	500	400	1 000
1520—1529	200	500	400	1 100
1530—1539	300	500	500	1 300
1540—1549	600	500	600	1 700
1550—1559	700	500	700	1 900
1560—1569	1 300	700	700	2 700
1570—1579	1 300	900	800	3 000
1580—1589	1 400	900	900	3 200
1590—1599	1 400	1 000	1 000	3 400
1600—1609	2 000	1 000	1 000	4 000
1610—1619	1 500	1 000	1 000	3 500
1620—1629	1 500	1 200	1 100	3 800
1630—1639	1 400	1 200	1 200	3 800
1640—1649	2 100	400	1 300	3 800
1650—1659	2 200	400	1 400	4 000

数据来源：로널드 핀들레이 , 케빈 H. 오루크 (2015), “권력과 부”, 314 쪽

西方是如何得以在19世纪称霸世界的？

我有时会做这样的假设。

如果能乘坐时光机回到公元900年，去哪儿好呢？

我能够想到的地方着实不少，不过如果先从要避开的地方说起，那就是欧洲，而且是西欧。西罗马帝国灭亡后，西欧的治安状况一团糟；由于只种植大麦和小麦，西欧的农业一片萧条。900年前后西欧人民的生活陷入了极度悲惨的状况当中。西欧的城市发展极为落后，除了伊比利亚半岛的科尔多瓦之外，再也找不出大城市，科尔多瓦其实也是依靠穆斯林发展起来的，将其归入“西欧”也显得有些勉强。

这样的西欧日后是如何称霸世界的呢？

正如前面我们所看到的，在激烈的竞争当中，西欧一直没有停下改革的步伐。1494年的法国军队和16世纪末的荷兰军队先后进行了两次军事改革，这使得西欧的军队成长为战无不胜的强军。依靠强大的军事力量，西欧得以在美洲大陆、亚洲各地建立起殖民地，并发展起种植园。

当然，1800 年前后的工业革命所起到的决定性作用是不可否认的。但工业革命之前的 300 年间，通过海上贸易所获取的巨额收益也是不容小觑的。蒸汽机、铁路等工业革命的核心工具的开发需要大量的投资，如果没有远洋贸易所获得的收益进行支撑，工业革命同样是难以实现的。

在这里我们可能会产生一个疑问。为什么西欧没能像 17 世纪初的日本那样完成“统一”呢？

究其原因主要有两个。第一个是“运气”。从 13 世纪蒙古侵略东欧，15 世纪奥斯曼帝国灭亡东罗马帝国中可以看出，如果在西欧发生军事革命之前，穆斯林和蒙古入侵欧洲，那么西欧也就很难具备主导世界历史的力量了。但蒙古可汗死亡，奥斯曼帝国在进攻维也纳时频频受阻，这些运气的巧合使得西欧不但没有被对方挫败，反而有机会积蓄了强大的力量。

另一个原因是“地理屏障”。正如在西班牙和法国的战争中所看到的，双方的国力势均力敌，很难以绝对优势压倒对方，这主要是由理方面的因素造成的。欧洲的阿尔卑斯山和比利牛斯山两座巨大的山脉将各个地区隔断开来，多瑙河和莱茵河等多条宽阔的河流朝不同的方向源源流淌。这就使得在欧洲，由荒芜之地和山林所组成的土地上处处遍布着适宜耕种的地区。因此，人们能够聚集生活的地区变得非常的多样化。这种多中心性是阻碍欧洲统一的决定性因素。

称霸西欧、南欧，甚至整个北非的罗马帝国没能成功地控制易北河以东，最终败给了日耳曼人。拿破仑、希特勒也因为对俄罗斯（及其后的苏联）展开的冒险进攻而一败涂地，这些例子充分展现出地理因素的重要性。地理因素虽然不能成为解释全部历史的答案，但却具有刻画出大的历史轮廓的功能。

The History Of Money

第五章

金融如何改变社会？

金融发达的优点是什么？

01

The History of money

一般来说，银行是一种很容易倒闭的机构。从 2011 年储蓄银行风波中就能够看出，如果储户们大批量集中要求取出自己的存款，那么金融机构很容易就会支撑不住。从储户那里接收到存款后，银行并不是原封不动地加以保管，而是给有需要的人发放贷款，或者对股票、债券、房地产等高收益资产进行投资。所以，一旦出现银行挤兑（Bank-run），银行根本无力向所有储户支付存款。

当然，银行挤兑也不是随时都会发生的。2011 年储蓄银行在项目融资上投入的资金比例较高，2008 年的全球金融危机所带来的冲击造成金融的不稳定性增高，这成了引发银行挤兑的导火索。项目融资指的是不以公司为单位，而是以单个项目为单位进行的资金筹措方式。比如，像“新盆唐线”这样的长期性、大规模项目启动之时，政府负责出让土地或进行审批，施工方需要负责筹措资金。虽然投资额度是巨大的，但从长远来看项目带来的收益却十分可观，于是施工方开始募集投资方，储蓄银行也会以高息贷款给项目的方式参与进来。可一旦项目在推进过程中出现突发状况造成工期延迟，或者项目环境出现变数使得未来不可能产生收益，那么项目融资借贷方将面临巨大的灾难。正是因为风险的存在，银行在发放贷款时才会收取高额利息，不过当上述情况真出现时，从银行的立场来看势必会陷入巨大的困局。这些情况被少部分人获知，再加上如果大客户要求预先退还资金，最终将会引发银行挤兑。

发生银行挤兑时，那些存款额度超过存款保险（韩国政府提供的保障额度是 5 000 万元）限度的人将会蒙受巨大损失，而且还会发生二次连带冲击。其他金融机构为了防止自身出现银行挤兑的风险，对于那些可能存在危机的金融机构会缩减贷款，甚至回收已贷出款项，这就会引发一连串的企业倒闭、家庭破产。不仅如此，那些与已经发生银行挤兑的金融机构企业结构相似的其他金融机构，也存在连带出现银行挤兑的风险。

事实上，自 2011 年 1 月份储蓄银行出现危机之后，这种态势一直在不断扩散，截至 2012 年上半年，就有包括所罗门储蓄银行在内的另外4家银行又接连倒闭。韩国的经济呈现一片低迷的景象，最严重的问题是金融中介功能几乎完全僵化。大宇造船、东洋集团、韩进海运等韩国代表性的重要企业的陆续破产不能说与储蓄银行事件毫无关联。

从另一方面来看，如果金融体系平稳，企业及家庭借贷便利，将更有助于促进经济的增长。根据部分经济学者所述，金融市场

美国大萧条时期储户担心银行无力支付存款，为取出存款而在银行门前大批聚集的场景

发达，贷款便利的国家，其经济发展会不断提高。也就是说，那些生活贫困、欠缺储蓄、金融机构不稳定的国家，其经济增长更容易呈现停滞的状态，从而陷入恶性循环之中。

那么究竟怎样做才能创造出一个稳健的金融体系呢？从历史中我们能寻找到的答案就是获取“信任”。让我们来看一看 19 世纪中叶在美国东海岸的城市发生的事情。当时有数十万爱尔兰人为逃避本国发生的土豆饥荒移民到了美国。爱尔兰移民在美国举目无亲，于是爱尔兰移民者之间形成了一种强烈的归属感，他们在选择存款的银行时就体现出了这样的特质，他们一般仅会集中地选择一两家银行。位于纽约曼哈顿的移民工业储蓄银行（The Emigrant Industrial Saving Bank, EISB）就是其中一个代表，这家银行是1850年9月由几位爱尔兰人聚在一起创建的。正是由于这个缘故，截至1850年末，移民工业储蓄银行90%的客户都是爱尔兰人。

1854年和1857年发生了震动全美的银行挤兑事件[1]时，移民工业储蓄银行也遭受到了巨大的冲击。爱尔兰裔移民者的应对方式比较不同，这引起了学界的关注。

发生银行挤兑时，最迅速地前去银行取出存款的人是那些来美国时间不长、银行账户里余额不多的人。1854年，移民工业储蓄银行的客户有598名，银行挤兑过程中有235人（39.3%）注销了账户，但从银行在此后并没有停止营业这一点可看出，加入银

1　1854年的银行挤兑事件发生在当年的12月12日，是由于尼克伯克银行（Knickerbocker Bank）没有能够向纽约银行清算所提交每周报告书而引发的。当时美国还没有中央银行，在进行贸易及金融往来时，除了使用黄金、白银等铸币，还搭配使用一些商业银行独立发行的银行券。为了对不同银行发行的支票、期票、银行券进行最终结算，银行中负责结算的工作人员需要按照与不同银行进行的交易金额先进行计算，随后再持金属货币到各家银行进行实际结算。这一过程非常繁琐。为了化繁为简，各家银行决定共同设立一个清算所，存放入结算时所需的准备金，大家一起聚集在清算所里统一进行结算。但当时尼克伯克银行资金出现问题，没能够遵守结算时间。

1857年的银行挤兑是因为当年8月24日俄亥俄人寿保险与信托公司（Ohio Life Insurance and Trust Company）在向纽约运送金条的过程中丢失了价值约200万美元的金条引起的。金融危机从美国迅速扩散至英国，与1854年不同的是，这次危机造成了大范围的失业率增加，带来的冲击性更强。

行挤兑中的储户都是一些存款数额较少的人。

在针对移民工业储蓄银行进行研究的过程中，人们还发现了一个有趣的现象。即便是刚移民不久、存款额度不高的人，也并非全都参与进了挤兑当中，越是那些来自爱尔兰贫困地区的移民者越是热衷于进行挤兑。也就是说，并不是那些贫困之人在积极地进行挤兑，而是那些来自贫困地区的人在集体展开挤兑行动。他们为什么会采取这样的行动呢?

因为爱尔兰是一个金融体系相对落后的国家。1815 年，在 800 万名爱尔兰人中仅有 9 万人开设了银行账户。这意味着很多人根本就不熟悉像银行这样的金融机构。特别是来自爱尔兰西部和北部等相对落后地区的人，更是根本就不知道银行是干什么的。所以最终那些新移民者，尤其是在爱尔兰从未接触过银行的贫困地区的移民者一听到银行就要倒闭的传闻，就会立刻信以为真、惊慌失措。他们生平第一次尝试进行银行交易，一听说银行倒闭就取不回存款，怎么可能还维持一颗平常心呢? 再加上放出银行倒闭消息的还是一起移民来的同伴，他们更加深信不疑了。

正是由于这些因素，拥有稳健的银行体系的国家其实并不多。那究竟怎样做才能维持银行的稳健运营，以免再受到银行挤兑的困扰呢?

答案有两个。第一个是成为强国。国家在战争中失败，就算再坚挺的银行也会接连倒闭，有一个例子最能证实这一点。罗斯柴尔德家族（Rothschild）创造了跨欧洲全境的庞大的金融帝国，而隶属于他们旗下的奥地利最大的银行Creditanstalt[1]最终却倒闭了（当然，设立在英国及法国的罗斯柴尔德家族的企业依旧是一派繁荣景象。这里所指的是这个家族最初的发家之地，位于奥地利的根基倒塌的事实）。罗斯柴尔德家族的Creditanstalt银行破产的原因在于战争中败北的奥地利失去了捷克斯洛伐克。Creditanstalt等奥地利的主要银行与工业中心捷克斯洛伐克都存在着密切的关系，第一次世界大战后随着关系被切断，这些银行均受到了巨大冲击。尽管经营状态逐渐恶化，但奥地利排名第二位的银行Bodencreditanstalt仍然延续着散漫的经营模式，不过最终在1929年也陷入了破产危机。政府令其与排名第一位的Creditanstalt进行合并，可这反而造成了金融危机的相互传染，结果在2年后，也就是1931年，Creditanstalt彻底倒闭。奥地利经济完全陷入绝境，最终于1938年被希特勒领导的德国吞并。

要想使包括银行在内的金融体系得以稳定运行，第二个条件就是获取“信任”。即便是在战争中实力雄厚的强国，如果政府不遵守规范的制度和标准，动辄就夺走富有者的财产，依据远近关系对银行实施拯救措施或放任其破产的话，仍旧会引发银行挤

1　该银行创建于1855年，在1931年宣告破产，不仅是欧洲，连同美国的多家银行也因此接连宣告破产。

兑。特别是如果政策当局软弱无能，就算是预测到了经济将遭受巨大震荡却仍然对银行破产置之不理，那么人们就会对金融体系彻底失去信任。

无论是成为强国还是获取信任都不容易。好在第二次世界大战之后大规模的战争在不断减少，满足第一个条件变得容易了些，但第二个条件的实现仍旧任重道远。在第五章第二节中我们将会看到一些极端的例子，通过这些例子能看出怎样才能获取信任，怎样又会失去信任。

深度阅读

防止银行挤兑的两大措施,存款准备金和存款保险

从移民工业储蓄银行的例子中能够看出,仅仅是银行经营不善的传闻就可能引发银行挤兑。一旦发生银行挤兑,即便是其他正常运营的银行也会连带被拖垮,导致严重的结果。政策当局为了防止出现银行挤兑一直在不断研究策略。

这其中便有两种重要的制度,分别是存款准备金和存款保险。存款准备金指的是银行将存款中的一部分另外存放到中央银行的制度。比如,如果银行收到 100 万美元的存款,只是将其中的 90 万美元用于贷款业务,另外 10 万美元存入中央银行,那么存款准备金率就是 10%。中央银行对存款准备金同样支付利息,这被称作"利率政策"。表 5-1 显示的是韩国不同种类的存款所对应的不同的存款准备金率。

但仅依靠存款准备金制度是无法阻止银行挤兑的。在 1930 年大萧条发生之时,美国国内有超过 1 万家银行破产,致使银行挤兑现象连续不断地出现,国内生产总值在 1929—1933 年间下降了 26.3%。

表 5-1 不同种类存款的存款准备金率（2018 年 3 月标准）

存款种类	存款准备金率
长期住宅储蓄存款、劳动者财产储蓄	0.0%
定期存款、零存整取、互利融资、住房分期存款、CD	2.0%
其他存款	7.0%

· 存款准备金支付对象不包括面向金融机构发售的情况
· 各金融机构以自然月为单位（每月 1 日至最后一日），以每天存款准备金存储对象的债务余额为基础加以平均，以计算出的存款准备金存储对象债务的最低存款准备金数额为准，从第二个月第二周的周四持有到第三个月第二周的周三

数据来源：韩国银行

不断扩散的银行挤兑现象促使了另一种制度的出现，那就是存款保险制度。这项制度使得银行挤兑问题得到逐渐缓解。存款保险制度指的是当金融机构无力支付存款时，由第三方存款保险机构来代替支付存款的制度。1933 年罗斯福当选总统后建立起了美国联邦存款保险公司（FDIC），通过不断强化对存款人的保护，防止了银行挤兑现象的进一步扩散。

韩国于 1995 年 12 月 29 日公布了《存款人保护法》，1996 年 6 月 1 日存款保险公司正式成立，存款保护体系正式建立起来。然而对于存款的保护并不是没有限度的。韩国对于存款的保护额度是每人 5 000 万韩元，超出部分不予保护。2011 年发生储蓄银行事件时，政府实际损失超过存款保险额度达 5131 亿韩元。美国的保护额度是 10 万美元，日本是 1 000 万日元。

深度阅读

发达的金融是如何促进经济增长的？

要想促进经济增长最为重要的是获取“信任”，图 5-2 提供了非常有说服力的证据。纵轴表示的是能够从金融机构获取贷款的制造企业的数量，横轴表示的是人均国民收入，可以看出越是容易获得贷款的国家，人均收入水平就越高。对高收入国家来说，事业发展过程中最大的障碍便是筹措资金的人太少。

图 5-2 中纵轴表示的是企业持有的固定资产（由土地、建筑物、机器等构成）根据内部资金所进行调配的比例，横轴表示的是人均收入。企业的内部资金，即在企业成立之初所筹集的本金或积累的利润占据投资额度的比重越大，就意味着从银行等金融机构获得贷款的难度越大，这样一来会造成的后果便是投资规模缩小。因此，筹措外部资金难度越大，国家的经济增长可能性就越低。

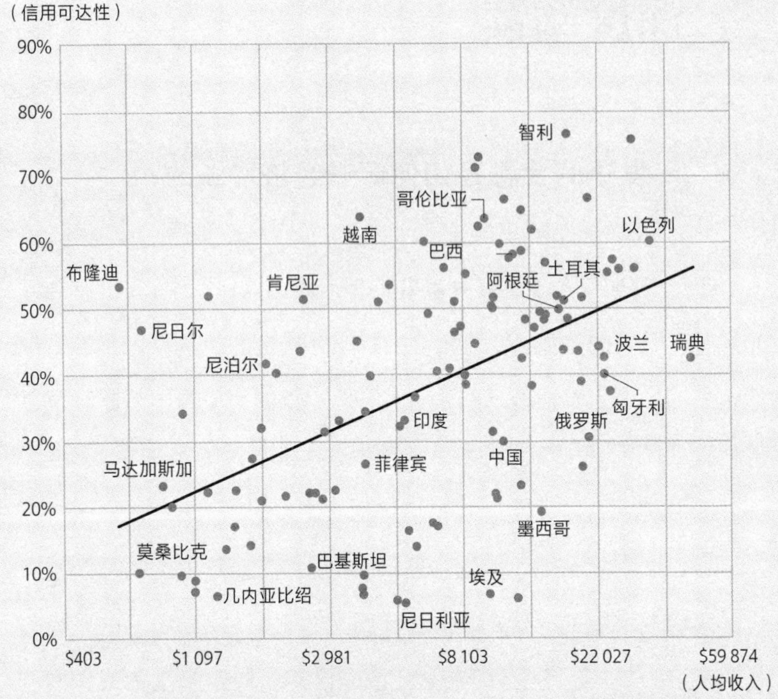

图 5-1 人均收入同信用可达性之间的关系

数据来源：Matthew Famiglietti , Fernando Leibovici(2019)

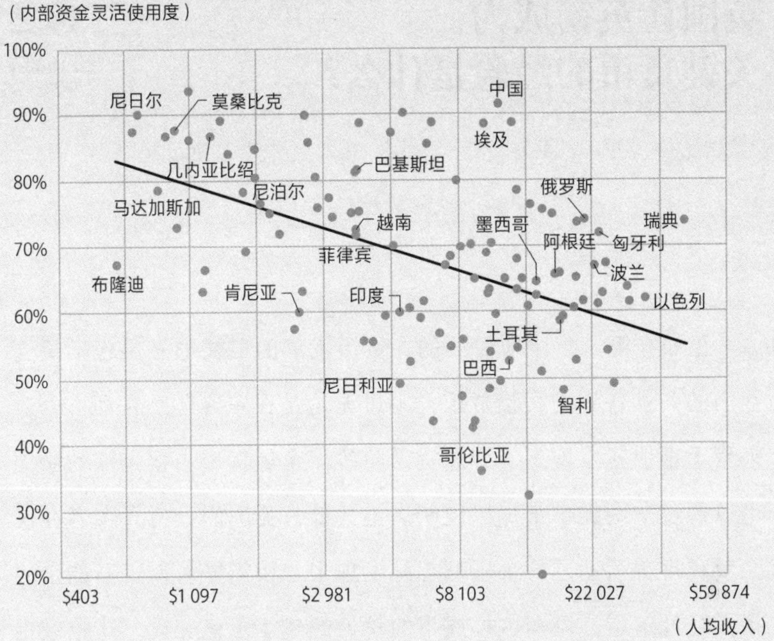

图 5-2　企业内部资金的使用灵活度与人均收入的关系

数据来源：Matthew Famiglietti , Fernando Leibovici(2019)

英国让英镑成为关键货币的经验是什么？

02
The History of money

正如在第一章中所看到的，货币发展的最初形态是包括贝壳在内的各种各样的实物货币，不过无论是在东方还是在西方，后来货币很快就发展到了金属货币阶段。金属货币占据主流的原因可以通过一则趣事来加以说明。不久前，英国的一位寻宝者在侠盗罗宾汉曾活动过的舍伍德森林发现了一枚镶嵌着蓝宝石的金戒指，经过鉴定，得知这枚戒指的价值超过了 1 亿美元。这枚戒指虽然是在 14 世纪制造而成的一个古董，但把灰尘清理干净后依然熠熠发光，而且哪怕再过数百年它仍旧能够保持价值不变。这就可以理解为什么富人们在保险柜里总是储存满宝石和黄金了。

不过无论是黄金还是金属货币，在使用过程中都存在一个问题。那就是关于纯度的测定问题。我们恐怕对有关阿基米德浴缸的故事都再熟悉不过了，从这个故事能够看出当时的人们为了能够测定纯度费了多少脑筋。当时锡拉库萨的国王希罗二世（公元前 270—前 215 年在位）把纯黄金交付给黄金手工匠人，令他们做成要奉献给神灵的金冠。当金冠做好并交付到国王手中时，希罗二世怀疑金冠中掺杂了白银，可是又苦于没有鉴定的方法，于是他把解决这一问题的任务交给了阿基米德。

阿基米德不停地冥思苦想，甚至在洗澡的时候满脑子还都在琢磨方法。阿基米德注意到人在洗澡时要浸入浴缸，而这时水就会随之漫上来，物体的密度不同漫出的水量也不一样。比如如果两个人的体重同样是 70 千克，那么脂肪含量高、比较胖的人相对肌肉含量多、精壮的人来说块头会更硕大一些，胖一些的人浸入浴缸后，水漫出的量会更多。这就可以表达为精壮的人密度高，肥胖的人密度低。黄金的密度是 19.32g/m^3，白银的密度要低很多，为 10.50g/m^3。如果金冠当中掺杂有白银，那么将其放入浴缸时，与同等重量的金块放进浴缸相比漫出来的水会更多。

这一伟大的发现使阿基米德激动地大喊了一声：“我找到办法了（Eureka）！”并立刻从浴缸中跳了出来。如果我们反过来想一想就不难得知，当时伪造黄金纯度的行为是多么猖狂肆虐。尽管发现了能够测定黄金纯度的方法，但是在进行贸易往来之时不可能每次都把黄金浸入水中来一一测定水漫出的量。这种测定方法不是很方便，于是越来越多的人希望能够找到全新的实用方法。

为解决这一问题所创造的成果正是“铸币”。公元前 7 世纪，小亚细亚的吕底亚王国（现在的土耳其中西部地区）所铸造出的货币就是黄金与白银的合金琥珀金（electrum），铸币上还刻有狮子头像。

从第一章“宋钱”的例子中可知，商人们不可能一个一个去测定铸币的重量。一旦社会中普遍接受了 1 枚铸币兑换 2 袋面粉，那么从此以后铸币所含有的金属的价值与在市场中交易的铸币的价值就没必要一定达到一致了。这一认识被普遍接受后贸易往来开始激增，日后占领了小亚细亚的罗马帝国铸造并发行了第纳尔银币，整个国家呈现一派历史上前所未有的繁荣景象。

贵金属的供给不足是个不容忽视的问题。罗马帝国初期，盖乌斯·尤利乌斯·恺撒在大规模战争中取胜并获得了大量贵金属与奴隶之后，货币的供给尚不构成任何问题。可当领土扩张中断，通过战争获取战利品变得越来越困难之时，贵金属匮乏的情况就出现了。一方面经济规模在不断扩大，另一方面制造铸币的贵金属出现短缺，这造成了钱的价值开始上升，也就是说很可能会出现物价持续下跌的情况。

罗马帝国的第纳尔银币

当时的罗马社会中大多数人口都是农民，农产品等生活必需品价格的下跌会导致农民生活水平的下降，其结果是时常有农民不得不选择进入被称为大庄园（Latifundium）的农场当中去，成为隶属于这里的劳动者。失去自己土地的农民越来越多，这对于国家来说也是一个巨大的问题。这不仅意味着能够服务于军队的兵役力量会减少，而且随着有能力纳税的农民数量的减少，国家财政也会疲软。

在现代社会，通货紧缩的危险性升高时存在着一套所谓的应对策略。韩国银行、美联储等中央银行会下调利率或实施量化宽松政策（Quantitative Easing，中央银行通过购买证券市场流通的债券或股票来增加货币供给），通过提高对通货膨胀的预期来解决通货紧缩问题。但在罗马帝国时期别说是中央银行，就连普通银行业都不存在，自然也就不可能采取这样的应对措施。

那么当时针对这种情况采取了哪些解决办法呢？当时有两种办法。一种是发动战争。在战争过程中不仅有机会获取新的领土和贵金属，而且青年人作为壮丁被召集入伍，会造成农作物收获量的减少，这样一来通货紧缩的危险性也就会随之降低。随着时间的推移，这种办法的效力越来越不明显。在公元前1—2世纪，除了罗马之外，值得掠夺的富有之地就只剩下中国了，沿着丝绸之路远征中国并不现实。虽然跨过易北河前去征服现在的中东欧地区也不失为一个选择，不过自从公元9年在条顿堡森林战役中罗马的3个军团被日耳曼人全面击败后，罗马皇帝的脑海中早已将这个选择排除在外了。

最终就只剩下一个针对铸币的选择，那就是“降低成色（Debasement）”，即降低金币或银币中所包含的贵金属的量。越是在接近罗马帝国末期的时候，这种事件就越是频繁发生。公元54年第纳尔银币的纯度是100%，到公元211年的时候就降到了50%，公元268年降到只剩下4%。降低铸币成色某种程度上缓解了通货紧缩的压力，但民众对于第纳尔银币的信任度也几乎降到了零点。奥古斯都皇帝时期铸造的纯度为100%的银币都被收敛进了富人们的仓库，市面上流通的都是纯度不足的银币，后来银币甚至退出了贸易往来。

西罗马帝国灭亡之后，欧洲陷入相当长的一段低迷时期，这其中的主要原因虽然在于日耳曼人的入侵造成的社会混乱，但货币体系的崩塌使商业陷入万劫不复的深渊也深刻影响到了欧洲的发展。这不禁使我们回想起在第一章中提到的南宋末期，会子（宋朝发行的纸币）价值暴跌，宋朝最终灭亡的场景。

西罗马帝国之后，日耳曼人建立起的新王国虽然也制造了铸币，但由于并未能获得民众充分的“信任”，最终以失败告终。中世纪时期，在佛罗伦萨、威尼斯等少部分城市，为了满足极少数人的使用，由国家铸造的金币得到了限制性的流通。

随着西班牙在新大陆开采的白银流入欧洲，这种情况开始发生改变。但尽管从新大陆流入了数量庞大的贵金属，民众对西班牙的比索也没有产生足够高的信任度。因为当时哈布斯堡 - 洛林王朝出身的西班牙国王卡洛斯一世（1516—1556 年在位）曾多次对黄金和白银的兑换比例进行过随心所欲的调控。原本银币和金币的兑换比例是 10 比 1，在 1524 年他将其调整为 11.375 比 1，这就造成了白银的价值突然下跌。主要使用银币的荷兰商人们的财产也发生了贬值（1568 年起在荷兰发生的独立战争并不是突然爆发的，从这里就可以看出端倪）。

卡洛斯一世的专横不只体现在这一个方面。1542 年，他将兑换比例恢复到了以往的水平，但同时却开始降低银币的品质。1546 年，白银和黄金的兑换比例又变为 13.5 比 1，这一变化一方面反映出银币品质下降的事实，另一方面也体现出当时国家统治阶级完全没有意识到要建立起民众对铸币的信任。

并非只有哈布斯堡王朝的皇帝们才做出了这种行为。从 1500 年到 1789 年间，法国的铸币里弗（虽然规定 1 里弗可兑换 1/6 埃居或 1/40 路易金元，但这一兑换比例并没有被遵守）中银的纯度下降了 78.4%。同一时期奥地利维也纳通用的塔勒（Thaler）（1518 年，波西米亚王国使用从厄尔士山脉的约阿希姆斯塔尔出产的银制成的银币）的价值也下降了 59.7%。

而英国却恰恰相反。光荣革命（1688 年推翻詹姆士二世，威廉三世和玛丽公主夫妇登上英格兰王位的事件）后，英国政府非常重视维持铸币的品质。在光荣革命爆发之前的1661年，用黄金或白银制成的部分铸币的边缘就已经被制成了凹凸不平的形态，这就是为了防止人们一点一点地切割金币。即便这样也难以阻止一些人厚颜无耻的行为。当人们把1686年铸成的银币在9年之后聚成一堆进行称重时发现重量已经减少了一半。

通过1688年的光荣革命登上王位的威廉三世（1689—1702年在位）下令议会制定一项内容令人震惊的货币管制法律，这项法律一制定完成便立即通过了。正如同其名称一样，该项法律禁止那些边缘被切割过的铸币继续流通。该法律生效后给市场带来了巨大冲击。经历了光荣革命以及与法国的长期征战，当时的英国社会正处于经济困难、商业活动停滞的状态，因此，这项法律引起了人们强烈的反对。

1525年波西米亚王国发行的塔勒

提升人们对英镑的信任度的君主——威廉三世

威廉三世不仅没有妥协，反而连同议会在此基础上又实行了进一步的措施。1691 年 11 月货币管制法律出台后适当延长了旧币与新币的更换时间，不过这次不再只是禁止有缺损的旧币流通，而是彻底禁止使用所有的旧币。伟大的科学家艾萨克·牛顿被委任为铸币局局长，英国用 3 年的时间完成了这项宏伟的事业，将市面上所有的钱币都更换成了边缘凹凸不平的新钱。

人们重新建立起了对钱币品质的信任，这一方面促进了商品的交易及流通，另一方面催生了信用经济的萌芽。1694 年威廉三世为了筹措向法国发动战争需要的费用时，他并没有直接向英国的商人们借款 120 万英镑，而是准许设立了英格兰银行（Bank of England）并准许银行发行银行券，这些都是因为在引入健全的货币体制过程中积累了信任。伦敦的商人们心里自然都有自己的算盘，他们不会把巨额的钱款借给一个不值得信任的政府。

英格兰银行发行的银行券并不是铸币，而是纸币，是由国家权力加以担保的纸质货币。这里之所以强调“国家权力加以担保的纸币”，是因为自 13 世纪的意大利之后曾经有无数的银行都发行过存款保管证形态的纸币。

英格兰银行采用的是一种黄金兑现形式（Gold Converibility），即持有纸币的人把纸币拿到银行后，银行会立即按照规定的利率兑换支付相应的黄金，这种形式提升了人们对于纸币的信任。英格兰银行按照 1 盎司黄金兑换 3 英镑 17 先令 10.5 便士（Dime）的比例进行兑换。除了拿破仑战争及第一次世界大战这样的大规模战争时期之外，英国政府都较好地遵守了黄金兑现原则。

综上可见，想要制造并维系一种国民予以信任的货币是一件相当有难度的事情。就连英国这样能够采用较为高明的方式打造金融体系的国家，每当斯图亚特王朝试图复兴之时，总会源源不断地涌来手持纸币要求兑换黄金的国民。

就像 19 世纪中期刚移民美国不久的人们引发了银行挤兑事件一样，一个尚未获得信任的国家必将经历无数次的危机，也只有克服一次又一次的危机，这个国家才能够获得民众的信任。如果一个国家公然地自己降低货币价值，则必将遭受丧失信任的沉痛代价。

在第五章第三节中我们将关注一下近来在印度发生的令人遗憾的事件，由此我们可以获知为什么能够获取国际信任的货币不多。

深度阅读

欧洲各国将银币的纯度降低了多少？

降低铸币的品质，即降低货币中所含有的贵金属纯度的国家不是只有西班牙和法国。即便是在第五章第二节中受到过较高评价的英国在17世纪中叶同样也在降低银币的品质。

如图5-3所显示的，在1500—1799年间政府发行的铸币中贵金属含量降低最为明显的是瑞典，其原因在于“三十年战争”期间瑞典经历了国王战死等一系列悲惨事件，遭遇了严重的财政危机。其次是法国，1789年法国大革命的根本起因就在于财政困难。

荷兰、意大利、英国等金融较发达国家的银币的品质相对而言没有降得过低，实际上这三个国家才是争夺欧洲“关键货币”霸权的对手。不过在第四章中我们曾探讨过，意大利经历过1494年的战争，已经沦为战场；荷兰的独立战争持续了近100年，国力遭受到巨大的消耗；于是，英国抓住了这一机会。

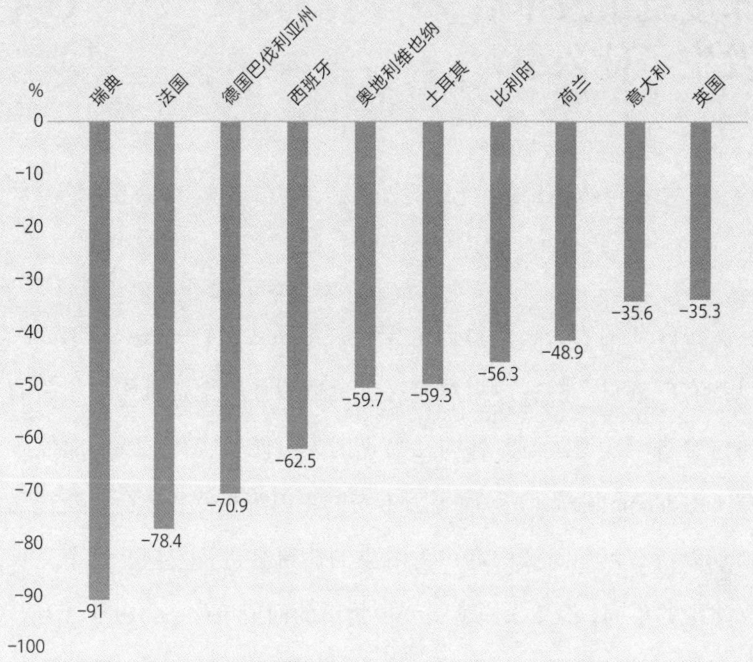

图 5-3　6—18 世纪欧洲银币中白银含量降低的百分比

· 大部分国家显示的是 1500—1799 年银币纯度降低的百分比，法国是 1500—1789 年，瑞典是 1523—1573 年

数据来源：양동휴 (2014), “유럽의 발흥”, 317 쪽

印度货币改革后发生了什么事？

03
The History of money

2019 年的春天，我每周至少会去与私人银行（Private Bank，以持有巨额财产的客户为对象提供金融服务的金融机构）相关的研讨会讲一次课。当时韩国社会正因为可能要实行“纸币面值改革（Redenomination）”而忐忑不安，正因为如此我才会不断被邀请到以持有巨额财产的客户为对象的研讨会进行授课。这个又长又晦涩的单词，简单来说就是变更货币的面值单位。2019 年 3 月，韩国银行的业务报告书中曾提到韩元的钱币面值过低，建议调整为“1 000 韩元（旧币）=1 韩元（新币）”。

事实上如果现在去咖啡店喝咖啡，常会看到价位表上写着“美式咖啡 2.0”的字样。市面上居然出现了将 1 000 韩元的单位省略掉的标记法，说明韩国货币面值太大了，韩国银行似乎也是想借此机会将货币单位进行一下调整。但纸币面值改革和私人银行授课之间又存在着什么关系呢？

嗅觉敏锐的读者可能已经猜到了，持有巨款的富人们连纸币面值改革的“纸”字都不愿听到。他们当中相当一部分人认为“政府想彻底摸清每家每户的现金持有情况，以达到追缴税费的目的”，于是这批人似乎在苦恼要不要将财产转换成美元或黄金等相对安全的持有模式。像我这样的经济学者都会收到无数的授课邀请，估计专门进行海外投资的经纪人或投资公司更是忙得不可开交了。事实上这一时期汇率和房地产市场都呈现上升的态势，我的看法也似乎就不是毫无根据的了。

最终这件事不了了之地画上了句号。汇率不断攀升、黄金价格猛涨，市场持续出现混乱的景象。对此类现象甚为担忧的韩国银行表明“不曾讨论过，也不曾促进过有关纸币面值改革的相关计划”后全身而退。可是疑问仍然没有解决。为什么持有巨资的富人们会憎恶纸币面值改革呢？要想讲清楚这个问题，首先要了解一下过去的事件给人们留下的阴影。

1962 年，朴正熙政府实施了第一个“经济开发五年计划”，其中具有代表性的就是建立以出口为导向的、积极的经济增长计划。随后在建设道路、港口、电话等基础设施时需要投入巨额资金，但当时却没有任何门路能够筹措到资金。1962 年 6 月 10 日政府公布了紧急货币措施，决定将 10 圜变为 1 元（韩国现在的货币单位“元”是从 1962 年开始使用的）。

当时朴正熙政府断然推行货币改革是为了筹集经济开发所需要的资金，政府要估算出国民所持有的资产，更进一步的目的似乎是为了没收那些不正当财产。当时包括财务部长千炳奎在内的 5

位货币改革准备组成员甚至进行了宣誓，表示“一旦泄露机密甘愿被枪毙”，可见这项改革是在极为保密的情况下由极少数人闪电式推进的。货币改革中所使用的新货币在英国完成制造，改革实行的44天前被秘密运至釜山港并在全面的保安条件下进行保管。其实货币改革的目的不仅仅在于掌握国民资产、查处隐匿的财产。当时的社会通货膨胀压力大，通过货币改革能够适当抑制人们的心理通胀。

不过从最终的结果来看，这两个目标都没有实现。政府规定截至6月17日为止，在生活费范围内每户每个人能够将500万韩元按照10比1的比例兑换成新的银行券。但由于这个额度根本不够人们使用，因此引发了强烈的社会不安感。尽管政府计划随后逐步增加每个人的兑换限度并解除冻结账户的措施，但民众所感受到的不安仍然无比强烈。特别是政府在宣布货币改革的当天还一并提前了宵禁时间，不少市民在归家途中打出租车时由于司机不收旧币而遭遇拒载。不仅如此，货币改革还造成一直到1964年为止的物价持续暴涨。1961年物价上涨率是12.9%，推行货币改革的1962年是16.7%，1963年这一数字竟然达到了30%。

最终由于财界和美国的强烈反对，加上隐匿资金的规模比原本料想的要少等原因，朴正熙政府决定分阶段解除冻结资金的措施。根据最近韩国国内因为纸币面值改革引发的混乱状况可以看出，当年货币改革所留下的阴影是巨大的。民众认为政府无论何时都能够采取措施查看到每一个人的资产明细，这种恐惧心理是导致民众对政府信任度降低的主要原因。

这里可能会有不少读者产生疑问，1999 年欧元启用时，可以看到，其他国家似乎都能顺利地进行货币改革或纸币面值改革，为什么韩国却失败了呢？这其中的原因，在于韩国没有遵守以下三点原则。

第一，兑换新货币时不应该有数量上的限制；

第二，兑换新货币时不应该有特定的期限；

第三，在接受旧货币兑换新货币时不应该过问个人信息。

如果无论何时都能兑换新币，并且兑换时没有任何数量上的限制，兑换中没有泄露兑换人信息的风险的话，货币改革根本不会给经济带来冲击。1962 年，韩国政府预先准备的用于兑换的新币数量不足，货币改革前实施了严密的保安措施，流露出了“追查大量持有现金者”的目的，因此才会导致国民产生强烈的不安感。

2016 年印度也发生了此类事件。印度政府决定从 2016 年 11 月 8 日子夜以后禁止 500 卢比和 1 000 卢比等大额纸币的使用，从 11 月 10 日开始使用 500 卢比和 2 000 卢比的新币。由于新币发行量不足，因此从 10 日开始进行新币兑换时每人只能兑换 4 000 卢比。1 卢比相当于 16 韩元，这意味着每个人只能兑换 6.4 万韩元。即便印度的国民收入水平不高，但能兑换的额度也显得有些过低了。更何况当时在印度 80% 以上的交易都是依靠现金，考虑到这一点，当时经济所遭受的冲击根本无法一一尽述。

印度莫迪政府采取这样的措施，目的在于彻底清算通过地下经济而进行的腐败行为。房地产市场和黄金市场是典型的地下经济的根源，不向政府如实上报房地产买卖情况并不影响交易，所以政府对于利用房地产或黄金进行非法交易的行为很难进行管制。

印度加尔各答银行前等待兑换新币的人们

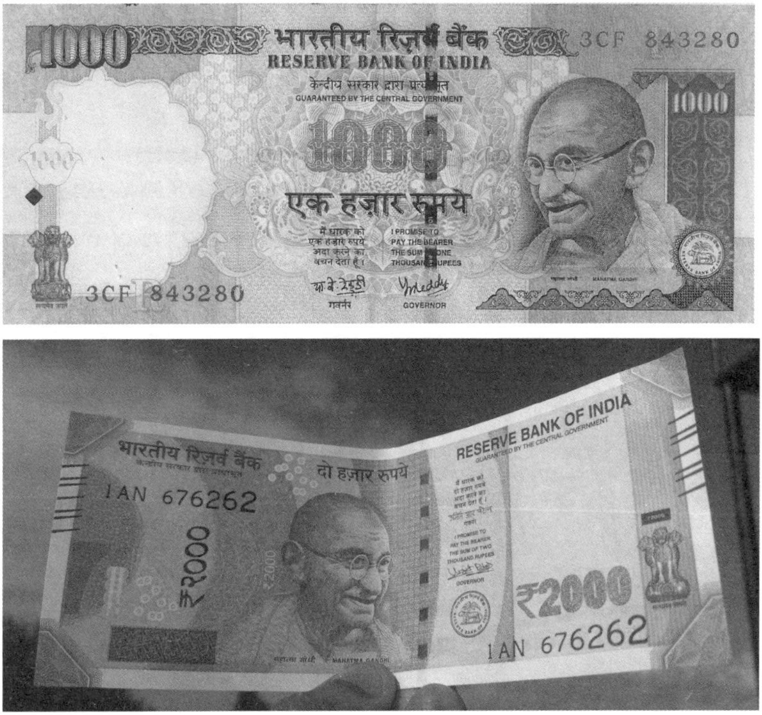

1 000 元卢比旧币与 2 000 元卢比新币

此外，由于同巴基斯坦关系恶化，以印巴交界处为中心的地区流通着大规模伪造纸币，这种情况也是促使印度政府果断推行货币改革的原因之一。

但是不少经济学者指出印度的这次货币改革是一项失败的政策举措。研究者称：“货币改革后，印度银行的信用总规模下降了 2 个百分点，经济受到了严重冲击。”这里所讲的信用总规模指的是银行的各种贷款的总和，经济方面财源枯竭就会出现所谓的“信贷紧缩”现象。

2016 年印度的经济增长率是 8.0%，2017 年是 8.3%，从这点来看货币改革的冲击似乎没有那么明显。但这个数值受到了政府无法掌控的地下资金的影响。有研究者指出，货币改革导致了毁灭性的结果，经济增长率下降超过了 3 个百分点，就业率下降了几乎 2 个百分点。就业率是指 15—64 岁的人口中目前在业人员人口比重。

印度货币改革为何会引发如此之大的负面效应呢？因为印度的经济模式是依靠纸币的模式。发达国家的经济模式主要是通过银行获取所需资金或者将信用卡作为主要结算手段，但印度的金融市场并不发达，因此对纸币的依赖程度很高，在这种环境下一旦无法实现对纸币的充足供应，必然会产生对经济方面的巨大冲击。不仅如此，虽然印度国土面积广博，但铁路、公路等基础设施不全，这也会成为导致货币改革冲击扩大化的主要原因。由于印度境内各个地区新币供应存在差异，造成了兑换的严重迟延。到 2017 年 3 月为止，也就是货币改革推行 4 个月以后，只有 77% 的旧币完成了新币的兑换。

当然，印度的货币改革并非在所有经济领域都造成了负面影响。印度的金融科技企业及信用卡产业就迎来了前所未有的繁荣景象。对纸币依赖度较高的印度人民被强行拉进了信用交易的世界当中，也相当于是创造了强有力的经济增长契机。

但货币改革总体而言给印度经济还是带来了巨大的创伤。研究者甚至作出了这样的评价：“印度现金不足的事件所引发的经济冲击，相当于美联储一次性将政策利率提高了 2 个百分点。”同莫迪政府的意图相悖，印度人民对于黄金的热爱变得更为强烈。新冠肺炎疫情发生后国际金价在持续上涨，黄金市场中的主要客户群体是中国人和印度人。

上述这些在印度发生的事件同在朝鲜发生的事件相比简直是小巫见大巫。近来朝鲜的经济陷入泥沼之中的原因不仅在于错误的经济增长策略，还在于反复的货币改革造成了信任的缺失。我们将在第五章第四节中探讨这些事件。

深度阅读

1962年货币改革后，韩国物价依旧猛涨的原因是什么？

1945年，韩国解放后，经济形势长期处于物价不稳定（以下简称“通货膨胀”）的状态之中。之所以会引发通货膨胀主要在于1950年战争期间资金都集中用来补充战略物资，为了修复战争中受损的生产设施，政府大肆印制纸币。朴正熙政府推行的是以出口导向型经济为主的经济增长政策，在此过程中韩元兑换美元汇率降低，从海外进口的产品价格自然也随之上升，这种趋势进一步催生进口商囤积居奇、投机买进。在推行积极的经济开发政策时，降低利率也会成为引发物价不稳定的因素。政府为了给企业的发展提供帮助而降低利率，但从个人和家庭的立场来看，货币改革造成的巨大冲击加上利率降低引发的消极情绪致使没有人愿意再把钱存入银行，民众开始把眼光转向房地产等实物投资方向。进口物价上涨再加上土地、住房价格激增，最终造成韩国20世纪60年代通货膨胀水平居高不下。

仅靠货币改革这样的特殊手段不可能抑制通货膨胀。要想有效控制通货膨胀，需要采取一系列的稳定措施，包括保持汇率平稳、提高生产力，从而把握时机提供消费者需要的产品、调控经济整体需求等。但在当时的环境下，这些几乎都是难以实现的。

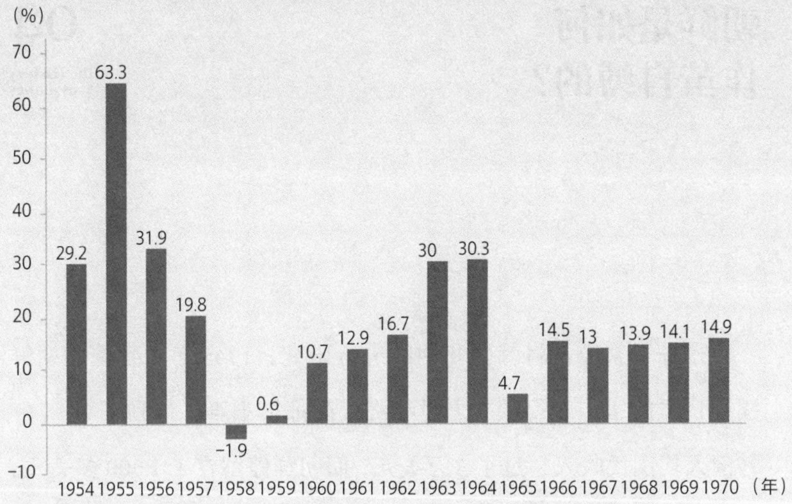

图 5-4　1954—1970 年韩国消费者物价指数变化趋势

数据来源：韩国银行经济统计信息系统 (ECOS)

朝鲜是如何作茧自缚的？

04
The History of money

经济学家经常将韩国和朝鲜进行研究。1945 年当韩国和朝鲜摆脱日本的压迫获得独立之时经济状况都很艰难，但到了 2018 年韩国人均国民收入超过了 3 万美元，而朝鲜停留在了 1 000 多美元。

必须承认的是两国在起跑线上存在着一定的差异。相对而言，朝鲜的山地更多，且因为分裂的局面，海运非常不便利。但朝鲜也拥有很多有利的条件。朝鲜邻近中国，因此在日据时期积累了更多的生产设备，这是相当大的优势。因此，仅从分裂时的环境来解释两国的经济增长率差异显得有些牵强。那么造成当前差异的决定性因素又是什么呢？

首先抛开结构性问题不看，我认为最直接的原因就是 2009 年的货币改革（第五次货币改革）。当时朝鲜政府发行的新纸币与旧纸币的兑换比例为 1 比 100，到这里为止，这种做法和韩国 1962 年实行的货币改革并没有明显的不同之处。

但两者不同的是，在用旧币兑换新币时，朝鲜限定了准许兑换的旧币额度。100 朝鲜元旧币能够兑换 1 朝鲜元新币，但每户准许兑换的旧币额度限定在了 10 万朝鲜元。按照当时的官方汇率来计算，每户最高能够兑换的金额仅相当于 690 美元。2009 年朝鲜的大米售价是每千克 2 200 朝鲜元，这就意味着在兑换了 45 千克大米之后，其余的旧币都变成了废纸。

事实上，这也正是朝鲜政府的目的所在。当时朝鲜政府逐步将更多的注意力，集中在了依赖配给的经济体系之外的黑市上。这样的货币改革政策成功地使黑市中的商人非法积累的巨额资金变成了泡沫。

然而积累下资金的不是只有黑市的商人。普普通通的朝鲜民众为了防止春荒时期不至于挨饿，大部分也都积攒有现金。从为数不多的由朝鲜报道出的新闻来看，政策刚一出来，存有现金的人们为了能将旧币换成新币纷纷涌回家中，“市场和火车站一片混乱景象”。然而政府规定的新币兑换时间只有 24 小时，因此大多数人几乎失去了自己所有的财产。

这之后又发生了什么事情呢?

积攒了一辈子的积蓄一夜之间化为乌有，民众不愿意再持有新发行的货币，于是朝鲜又回到了物物交换或者主要使用外汇的交易模式。这也造成了朝鲜物价的飞速上升。货币改革之前大米的价格是每千克 2 200 朝鲜元，换算成新币应该是 22 朝鲜元，但 2009 年 12 月这一价格升至每千克 50 朝鲜元，2010 年 1 月中旬升至每千克 300 朝鲜元，到了 1 月末就暴涨至每千克 800 朝鲜元。

新币的价值在下降的同时，美元的价值却在上升。从 2018 年 7 月朝鲜发布的官方汇率来看，1 美元兑换价是 102—112 朝鲜元。这个汇率适用于朝鲜当局开设的官方钱币兑换所。但朝鲜的民众没有人会去官方钱币兑换所进行兑换，因为在黑市，1 美元能够兑换 8 400 朝鲜元。

我们在第一章曾经看到的索马里先令和宋钱的事例在朝鲜也同样出现了。当民众认为本国政府在擅自破坏货币体系或没有能力维护货币的品质时，民众必然会自行寻找对策。这种对策就是“统治者无法随意印发的”旧时的货币（索马里先令）或其他国家的货币（宋钱）。目前在朝鲜，民众的对策就是美元或人民币。

朝鲜王朝末期，也曾出现过类似 2009 年朝鲜所发生的状况。兴宣大院君摄政期间，在 1866 年 10 月右丞相金炳学曾建议铸造“当百钱”用于缓解重建景福宫时造成的财政危机，这一建议获得了兴宣大院君的准许。当时兴宣大院君对内重建景福宫，这是强化王权的象征性事业；对外为了防止西方列强的入侵，重点强化军费储备。内外两项事业都需要巨大的资金支持，所以当时采取了铸造发行当百钱的措施。当百钱的实际价值同正在流通的常平通宝相似，可面值却是常平通宝的 100 倍。当时的不少执政者都担心当百钱会引起通货膨胀，造成大米、麻布等生活必需品价格的暴涨，可是最终没能阻挡住当百钱的铸造。

当百钱从 1867 年 1 月开始正式流通，铸造时期截止到同年 6 月，

1867 年发行的当百钱

发行总额达到了 1 600 万两。考虑到当时的货币存在大量民间铸造，即私自铸造的行为，当百钱的实际发行量要远远高于 1 600 万两。

大规模的货币铸造使得当时大米的价格上涨了 5—6 倍。百姓更看重常平通宝，而纷纷规避使用当百钱，当时甚至出现了市场内遍寻不到常平通宝踪影的事态。最终在 1868 年 10 月，政府终止了当百钱的流通。

当百钱流通期间，朝鲜政府获得了巨额收益。为了理解这个问题，我们先来假定当时的市场内流通着 6 万枚常平通宝铸币。如果大院君回收 1/10 也就是 6 千枚常平通宝，铸造出同等重量和含量的当百钱，会导致什么后果？大院君在短期内用 6 千枚当百钱就获得了相当于 60 万枚常平通宝所具有的购买力，所以说朝鲜政府获得了巨额收益。

但与此同时，经济也遭受到了打击。经济体系内本来流通着6万枚常平通宝，但一下子变成了65.4万枚，增加到原先的近10倍，这必然会引发通货膨胀。加上当百钱的实际价值在下跌，所以贸易往来就不得不中断。

比这更严重的问题是信任的丧失。开埠后朝鲜百姓开始大量使用日本银币和墨西哥比索等海外货币，这不得不使我们联想到2009年朝鲜货币改革之后所发生的事情。

朝鲜的经济自从2009年之后陷入低迷的状态，这和当百钱发行后朝鲜王朝的状况极为相似。当外敌入侵之时，朝鲜王朝无力抵抗、低头屈服的原因中虽然也存在军事实力的差距，但不容忽视的原因还有财政能力的严重不足，正是财政的短缺才导致政府无力维护和扩充强大的军事力量。

深度阅读

朝鲜经济衰败的根本原因是什么？

朝鲜陷入经济低迷状态最主要原因在于 2009 年货币改革的失败，然而不容忽略的是金日成掌权时期其实已经出现了经济低速增长的苗头。

朝鲜最重要的社会间接资本是铁路。1945 年解放初期，朝鲜拥有 3 797 千米的铁路设施，韩国当时铁路全长 3 614 千米，两国之间不存在明显差异。到了 2015 年，韩国的铁路总延展长度增长至 9 001 千米，而朝鲜仅为 5 304 千米。韩国建起了数十条高速公路，如同蜘蛛网一般铺设在全国，而朝鲜只有平壤—开城之间建有高速公路，而且铁路网几乎没有得到进一步扩充。从具体时期来看，1945—1990 年间朝鲜增设的铁路长度达 1 248 千米。当时朝鲜经济受到中国、苏联等国的支援，处于相当繁盛的时期，不可能由于资金方面的紧缺导致建设难以发展。

那么究竟为什么朝鲜的铁路设施会如此薄弱？根本原因还是要从领导阶层的判断中去寻找。朝鲜当局的经济基本发展方针是寻求“自主经济”的发展路线。自主经济路线由几个方面构成，其特征是不仅不依靠与其他国家的贸易，而且各个郡要能够形成完整的经济单位。

1952 年朝鲜战争期间，朝鲜当局对行政区划进行了改革，除平壤等少数地区之外，将全国人口按照每 10 万—20 万人组成一个郡，共分为 168 个郡。当时的计划是令这 168 个郡能够自主生产及调配粮食、原材料及生活必需品。仅 1958 年一年之内，朝鲜就建起了大约 1 000 个地方工厂。在这样的指导思想之下，建设铁路以及发展与其他国家地区的交流往来是不可能被放在优先地位考虑的。

自主经济路线从一开始就忽略了各个地区的地理位置及优势所在。比如，位于海边的清津水产业发达且产盐量高，茂山盛产钢铁及煤炭制品，在专业化的引导下将这两个地区的产品进行交换能够有助于大幅度提高经济效率。但民众要贯彻执行政府的指示，朝鲜截至目前仍然保持着这一基调，于是依旧挣扎在低增长的泥潭之中难以脱身。

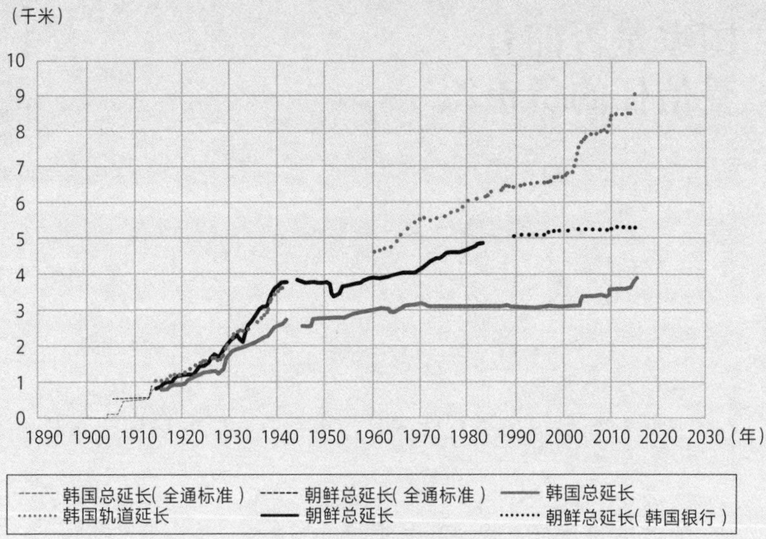

图 5-5 1910—2015 年间韩国和朝鲜的铁路总延展长度

数据来源：KDI(2018.11), “북한경제리뷰”, “북한의 철도 건설, 1900—2015 산업화와 장기 경제침체에 대한 함의”

国家是否拥有受信任的货币？

最近前往研讨会进行授课时，常常有人问我这样的问题：

巴西雷亚尔汇率在不断上升，在这方面投资一下怎么样？

当然，类似的问题还有把“巴西雷亚尔”替换成“土耳其里拉”的。但不管换成什么，我的回答都是一样的：

将来即便遭受损失，只要不至于给生活带来过大的影响，进行投资也无妨。

为什么我会这样回答呢？因为这些货币的发行国家无法制造出能够被信任的货币。投资这些国家的货币即便是目前能够获取收益，可一旦这些国家突然改变货币体系或转变政策造成汇率上升，那么投资者将不可避免地会遭受损失。

最具代表性的例子就是巴西。巴西曾进行过无数次的货币改革，但也没能控制住通货膨胀。1994 年，巴西的居民消费者物价指数达到了惊人的 2 076% 是一个最明显的例子。物价一年之内上升了 20 倍，1867 年在朝鲜发生过的事情又在巴西重新上演了。

巴西的物价为什么会如此猛增呢？因为没有完备的征收税费的能力。与国内生产总值相比，巴西的财政收入是 –4.79%，从 1996 年到 2009 年不曾出现过一次顺差。到这里，读者是不是会想起为了填补重建景福宫而亏空的国家财政发行当百钱的大院君？

与征收税费、重整财政相比，开动印刷机填补财政空缺要容易得多，但这样做付出的代价就是失去民众的信任。比起本国货币来说，巴西、土耳其等众多国家的民众更热衷美元或黄金，只要这种状况不彻底消除，那么投资这些国家的货币及相关资产就需要三思而后行。投资某个国家的货币之前，不要忘记至少先要去浏览一下这个国家的历史，特别是货币政策的发展历程。

The History Of Money

第六章

一切金融危机之源：2008年全球金融危机

2008 年全球金融危机的起因是什么？

01

The History of money

2008 年雷曼兄弟银行破产，美林银行、花旗银行等世界性金融机构接连经历了银行挤兑。时间一晃，这些事情已经过去了十多年。如同我们在第五章中所看到的，为了防止银行挤兑的发生，政府出台了诸如存款保险制度、存款准备金制度等各种形式的应对政策。相信有不少读者会产生这样的疑问：既然都出台了这么多的政策，为什么还是没能阻挡住金融危机的爆发呢？我们将在第六章中仔细探讨一下这个问题。

可能有一部分读者曾经因为全球金融危机遭受了巨大的损失，读起这些文字会略感不适。截至目前，在欧洲仍旧有许多国家的国民收入没能恢复到 2007 年的水平。韩国当时同样也遭受到了种种严重的打击，比如，韩国出口量曾一度减少了近 40%。不过，如果想了解世界主要中央银行都采取了何种政策来应对这次危机，首先有必要熟悉一下 2008 年全球金融危机的起因。

提到 2008 年的金融危机，我们还要先从 20 世纪 80 年代银行经营环境发生的改变讲起。80 年代以前银行的经营环境一直比较平稳。银行接收个人或企业的存款，附加上一定的利润后再进行贷款，只要这样坐等按时收取利息就行了。当然，如果将贷款全部投入某种特定的产业，或者极具针对性地发放贷款，还是存在遭受损失的风险。为降低此类风险，国际清算银行（BIS）引入了自有资产比率的规定。其内容非常简单明了，如果想要向外发放贷款，先要扩充自有资本。自有资本指的是股东对公司的投资所形成的资本金、资本盈余以及运行结果累积留存收益的总和。BIS 所规定的自有资本比率的最低标准是 8%，这意味着要拥有 8 万亿元的自有资本，才可以向外发放 100 万亿元的企业贷款（房地产抵押贷款可高于此数额）。

银行按照自有资本比率的规定向各种类型的企业发放贷款，并通过这样的方式获得稳定的收入，除了向新兴国家发放贷款后遭到损失的伊利诺伊州大陆国民银行于 1984 年宣告破产以外，并未出现过大型的金融危机或银行挤兑事件。

然而，80 年代以后银行的经营环境发生了变化，其中最大的变化就是吸收存款的竞争变得异常激烈。近来韩国出现的 CMA（Cash Management Account 的缩写，即现金管理账户）也是造成银行经营环境发生巨大变化的原因之一。在银行利率普遍较低的环境下，存款人开始寻找新的渠道以获取哪怕只是高出一点点的收益。包括美林证券在内的诸多证券公司开发出了一种新的理财产品 CMA，使得原本存在银行里的钱开始转移到了别处。环境的变化远不止这些，随着资本市场的进一步发展，公司债（Corporate Bond）的不断发行导致越来越多的企业不再从银行借钱，而是直接从债券市场借钱，这样一来，银行经营环境变得越发困难。

事态发展至此，为了给银行谋求生路，政府开始对相关规定进行大规模的改革与完善。在诸多完善后的规定当中，非常核心的一项就是使普通银行也能够开展之前只有投资银行才能进行的业务。

投资银行指的是像高盛集团（Goldman Sachs）、雷曼兄弟银行（Lehman Brothers）等这样的机构，还包括那些在帮助波音、特斯拉等企业从债券或股票市场而不是从银行筹措资金的过程中起到中介或援助作用的金融机构。在进行这些业务的过程中，投资银行也会直接进行投资，同时也会为企业提供多样化的，包括制定发展战略在内的相关咨询业务。

有关投资银行的话题我们稍后再探讨，现在我们重新回到完善相关规定这个话题。《格拉斯－斯蒂格尔法案》（Banking Act of 1933）禁止以投机为目的的、不同类型的金融企业之间的业务交叉，而当这一法案于 1999 年被废除后，商业银行与投资银行间的业务屏障也逐渐消除了。随后，以美国为首的全世界的银行都开始积极推进贷款债权“流动化”的策略。假如某家银行一个月之内在美国全境发放了 1 万笔规模在 10 万美元的房地产抵押贷款，将这些贷款捆绑成为一笔抵押支持债券（MBS）的方式就是贷款债权流动化。这其中的一笔笔贷款可能存在风险，但如果将 1 万笔贷款捆绑为总金额达 10 亿美元的贷款，那么这个债券就会成为相当稳定的资产。这也被称为金融行业中的“大数定律”。也就是说，即便是在特定地区放贷可能存在危机，但只要将危机充分分解，那么整体的贷款仍将会是非常稳定的。这家银行就是将规模为 10 亿美元的债券分割开来卖给了各个国家的退休基金、中央银行、债券型基金等机构，从而将房地产抵押贷款的风险进行了有效分散。

银行之所以进行如此繁琐的交易，正是因为能够从中获得两点好处。第一是能够规避相当一部分 BIS 的自有资本比率规定。根据规定，如果银行想发放 100 万亿元的贷款，首先需要拥有 8 万亿元的自有资本，如果以 MBS 的形式卖出贷款就能获得相应的资金收入，这样一来就可以发放更多的贷款。当然，与银行的持有贷款期满时所获得的收益相比，以 MBS 形式销售债券所获收益相对较小。即便如此，持续在债券市场以 MBS 形式销售债券的好处是能够提高企业的周转效率。即持有等额的自有资本的情况下银行发放比以前更多的贷款，最终有效提高收益。

第二点好处是将“利率升高”所带来的风险转移到其他人身上。例如，利息为 5%，发放期限为 30 年，金额为 1 亿元的贷款，如果存款利率上升到 10%，会怎么样呢？以 10% 的存款利率筹集来的资金，收益如果只能达到 5%，那么这家银行必定会遭受巨大损失。如果在发放贷款后立即以 MBS 的形式向市场分割，卖出贷款，收益即便有所降低，但却能够将未来可能会出现的，利率升高所带来的损失降到最低。尽管 80 年代以来市场利率在持续下降，但银行却在不断地积极扩大 MBS 发行规模，就是因为它能够应对利率升高所带来的风险。

其实买入 MBS 的人也是受益者。我非常钟情于投资美国的 MBS，与期限相同的政府债券相比，它的利率最高能超过 3%。2018 年末发行的期限为 30 年的美国 MBS 的利率超过了 5%。这可不是一两年，而是在 30 年内每年支付 5% 的利率，投资者难道不会为之心动吗?

如上文所述，直到 2008 年金融危机爆发时，政府对于银行的法规进行的调整看起来似乎能够使每个人都获益。但没过多久，却引发了“贷款增加”这一负面影响。从银行的角度来看，同样的自有资本能够发放更多的贷款，意味着整体经济中的资金非常充足，但这最终造成了房地产市场的泡沫。

简化贷款审核的危害程度不亚于过度放贷，这也是引发 2008 年全球金融危机的决定性原因。发行 MBS 使得贷款审核变得更为简单，其原因在于“责任划分”。如果由银行在 30 年内“直接”收取利息和本金，那么银行不会随意放贷给任何人。银行一定会仔细确认借贷人的收入，缜密地考察借贷人是否有过逾期偿还信用卡的历史。不过，随着 MBS 发行量的大规模增加，银行业逐渐失去了仔细进行贷款审核的热情。反正这些贷款都是要被分散卖给债券市场中的其他人的，也没必要认认真真地进行审核。

2005 年前后，房地产抵押贷款程序逐渐变得更加草率。甚至出现了所谓的“忍者贷款”（NINJA Loan,“No Income No Job”的缩写，意思是向信用度低的人发放贷款），即不考察清楚借贷人的信用度及偿还能力就直接发放贷款的行为。这样一来，信用度很低或资金短缺的人也都能够获得贷款并购买房产，于是房地产市场开始出现了泡沫。

当然，我们不能把 2008 年的金融危机完全归罪于银行法规的调整和由此造成的银行散漫的经营态度。反而是美联储等各中央银行才应该负起最大的责任。因为当 2005 年前后房地产市场出现泡沫的状况下，他们也没有对此加以制约或采取提高利率的应对措施。下一节中我们将仔细探讨这个部分。

深度阅读

21 世纪初美国人为何如此热衷房地产？

21 世纪初美国房地产价格飞速上涨的根本原因就是低利率。在任何一个国家，住房都属于昂贵的财产，自己付全款买房的人并不多。因此，房地产抵押贷款的利率会给房地产市场带来巨大的影响。2001 年美国经历了惨痛的恐怖袭击事件（以下简称“9·11 事件”）以及互联网企业股票价格暴跌事件，当时美国的经济状况非常糟糕。“9·11 事件”发生后，布什政府宣告要“与恐怖主义展开斗争”，随之将战争范围扩大至阿富汗及伊拉克地区，由此引发的国际油价暴涨使得经济进一步陷入了困境。美联储将政策利率下调至 1%，采取了一系列经济刺激政策，最终，这些政策成为房地产市场一路走强的诱因。

市面上大量资金集中到房地产市场的另一个原因在于美国的房地产价格从未出现过下跌的情况。图 6-1 展现的是从 1975 年到 2008 年，以年度为单位的美国房地产价格，我们能够看到期间从未出现过一次价格下跌的情况，反而是一路攀升。无论是银行还是投资者，全都坚信房地产价格在今后依旧会持续上升，他们完全不认为存在暴跌的风险。因此，才会纷纷加入具有风险性的贷款队伍中来。

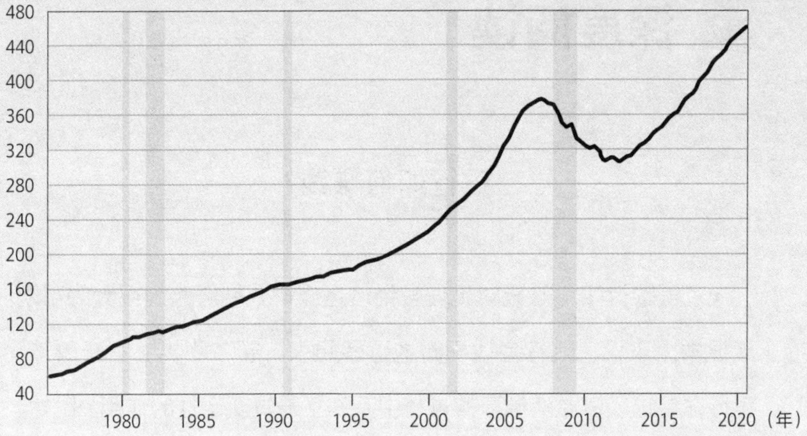

图 6-1　1975 年以后美国住房价格（1980 年第一季度 =100）

· 阴影部分为美国国家经济研究局（NBER）判定的经济疲软时期

数据来源：美国圣路易斯联邦储蓄银行（https://fred.stlouisfed.org/series/USSTHPI）

深度阅读

银行如何赚钱？

了解银行如何赚钱对于理解经济运作模式能够起到很大的帮助。从根本上来说，只有金钱不断地运转起来，经济才能够不断改善，银行在促进经济血液循环的过程中起到了最具决定性的作用。比如，2003 年韩国发生信用卡危机的时期，银行彻底变成了“植物人”，经济增长率自然出现了大幅下跌。当企业和家庭都处于无法借贷、苦苦挣扎的状况中时，投资、雇佣自然也都无法顺利进行。

那么银行究竟是如何赚钱的呢？很简单。将存贷利差减去存款准备金和业务管理费就是银行的收益。存款准备金指的是银行为了防止借出去的钱收不回来，预先存下的一种保险金。业务管理费指的是包括银行给员工发放的工资、营业场所租赁费等在内的费用，一般不会有大幅变动。那么，最终左右银行收益的就是存贷利差和存款准备金。存贷利差是贷款利息减去存款利息的所得。如果抵押贷款利率是 5%，存款利率是 2%，那么银行的存贷利差就是 3%。

因此，当银行的存贷利差高，存款准备金率较低时，银行就能获利；反之，存贷利差低，存款准备金率较高时，银行就会遭受损失。这就是为什么当经济不景气时（图 6-2 中阴影部分），银行股价就会暴跌。经济不景气时，如果企业和家庭破产，存款准备金率会不断攀升。银行不会坐以待毙，当银行预测到经济即将不景气时会迅速收紧贷款，尽可能获取现金，而银行的这种举措又会导致经济状况的进一步恶化，最终形成恶性循环。

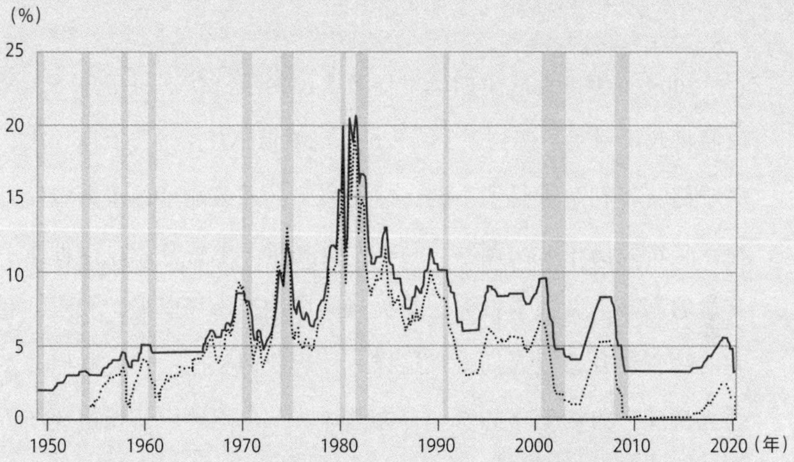

图 6-2　1950 年以后银行的贷款利率（实线）和政府政策利率（虚线）趋势

· 阴影部分为美国国家经济研究所（NBER）判定的经济疲软时期

数据来源：美国圣路易斯联邦储蓄银行（https://fred.stlouisfed.org/graph/?g=sUUt）

房地产价格猛涨时中央银行在做什么？

02

The History of money

2003 年伊拉克战争的爆发导致美国的经济状态每况愈下，美联储将政策利率下调到了 1%，2014 年下半年开始经济有所回暖，美联储又将利率进行了上调。然而利率上升的速度却十分缓慢。在一年中经历了 8 次调整，利率才提高了 2 个百分点，这种微乎其微的利率上调根本就无法给火热的房地产市场降温。相反，利率的缓慢上升会给人们带来这样一种想象的空间："美联储并不认为房地产市场价格的暴涨存在泡沫。"全国单位面积房地产价格增长率从 2003 年的 6.3% 上升至 2004 年的 9.4%，2005 年又继续攀升至 11.3%。国土面积在全世界位列第三的美国，房地产价格居然能够上涨到如此惊人的程度，显然是一种不正常的现象。

但当时不仅是美联储，还有大部分经济学者都摆出一副"这有什么问题"的样子。我们今天再来看当时的状况可能会觉得不可思议，不过当时美国的整体氛围确实如此。1995 年荣获诺贝尔经济学奖的芝加哥大学罗伯特·卢卡斯（Robert Lucas）教授在就任美国经济学会会长时曾发表如下言论。

为了预防经济不景气，我们已经把最关键的问题解决了。（central problem of depression-prevention has been solved）

这番话使人感觉仿佛未来将不会出现经济危机，经济周期消失后的平稳时期即将到来。

当然，并非所有的经济学家都持有相同意见。2005 年为纪念艾伦·格林斯潘（Alan Greenspan）卸任美联储主席一职，一场以“格林斯潘的时代，带给未来的启示”为主题的国际会议在怀俄明州的杰克逊小镇举行。会议上国际货币基金组织（IMF）拉格朗·拉詹（Raghuram Rajan）博士警示道：“当前的金融体系存在着巨大的风险。”

可惜的是当时出席会议的大部分学者对于这番言论都嗤之以鼻，美联储的主要管理层人士更是对他的警示不屑一顾。拉格朗·拉詹博士当时已经看出了美国银行的收益存在着可疑之处，即相对于美国的实际经济状况，银行的收益高得离谱。那么，在 2005 年美国的银行是依靠什么创造出了如此庞大的收益呢?

答案就是次级贷款。2004 年贷款利率上调之后不少人感到了压力，于是这些人开始犹豫是否要购入房产。美国银行看到这个苗头，立即开始对准了新的目标人群进行大规模放贷，这群人就是信用等级不高的次级贷款客户（Subprime，无法通过住房抵押贷款审核的，不适于贷款的客户）。只不过这些次级贷款客户要付出的贷款利率远远高于信用等级良好的贷款客户。但次级贷款客户其实没有能力偿还 10% 甚至更高的利息。这些人一旦破产，银行岂不是会遭受严重的损失？

美国的银行采用“2–28”贷款这种方式来解决该问题。这种贷款产品的形式是 2 年内客户可享受“无息”的优惠，从第 3 年开始偿还本金及逾期利息。该产品的前身是忍者贷款，不过它却存在更高的风险性，因为从第 3 年开始可能就会产生庞大的逾期利息。面对这种情况，无论是美国的金融机构还是申请次级贷款的客户似乎都完全失去了理智。大多数银行职员满脑子都想着：“2 年后，在客户未偿还逾期利息之前，拿着奖金辞职走人就行。”申请了次级贷款的人则想着：“享受无息优惠的 2 年当中房价肯定会涨，到了该还利息的时候，把房子一卖，万事大吉。”

当时的美国银行职员的工资水平高到超乎想象，特别是当他们卖出类似次级贷款这类未来收益巨大的产品时能够获得比工资高出几倍的奖金。所以银行职员根本无暇顾及这种贷款可能会带来的风险，他们认为就算有风险，到时候只要把贷款分割成债券再卖出去就行了，至于那之后再发生任何事情根本与自己毫无瓜葛。

可是到了 2007 年时，房地产市场开始走起了下坡路。2 年无息优惠期一过，次级贷款客户们开始纷纷出手卖房。可另一方面，这时的政策利率已经提高到了 5.25%，对住房有实际需求的人们也由于无法承担高额利息而不得不售卖房产。这样一来，导致市场上到处充斥着待售房源。2007 年美国的房地产价格与上一年度同期对比仅上涨了 1.1%，与 2006 年的增长率（7.2%）相比下降极为明显。就连佛罗里达、加利福尼亚等引领房地产价格涨势的地区也呈现了下降趋势。2008 年金融危机时期美国住房价格下降了 5.1%，2009 年下降了 5.6%，不仅是房地产市场，整个经济局势都受到了严重打击。

在这里需要再说明一点，美国的房地产抵押贷款大部分采取的都是“固定利率贷款”方式。即贷款时利率高，那么今后 30 年每个月都要持续缴纳较高的利息。所以当利率猛增时房地产市场的购买势头就会显得较弱；反之，如果利率不断下降，那么申请住房抵押贷款的人就会明显增多。

即便出现这样的局面，当时金融当局和经济学家们仍旧没有看清真相。2013 年获得诺贝尔经济学奖的尤金·法玛（Eugene Fama）教授在 2007 年曾表示“一听到泡沫这个词就生气”，他主张住房市场是值得信赖的，并对这一看法进行了如下说明。

住房市场虽然不具备流动性，但人们在买入时都非常谨慎。购买住房基本上是他们有能力进行的最大手笔的投资。所以他们在入手前会慎重地审时度势、货比三家。整个购买过程都是非常谨小慎微的。

这段话的意思是人们在购买住房的过程中非常谨慎，因此不可能会出现所谓的泡沫。这里所讲的泡沫，是比喻资产的价格像肥皂泡一样迅速膨胀变大，一段时间之后，又像肥皂泡一样会破灭，资产价格泡沫最终也很可能崩塌。

尤金·法玛教授的主张看起来似乎很有说服力，但从这一主张中也能够发现尤金·法玛教授对2007年房地产市场的把握还不够全面。因为有两类人几乎并不会进行所谓的深思熟虑。一类是满脑子想着持有2年就卖掉房子的买方，另一类是梦想一拿到奖金就辞职走人的银行职员。

2007年夏天，问题开始逐渐显露了出来。最先亮起红灯的地方是欧洲。法国的大型银行巴黎银行中断了对其运行的3个对冲基金的回购。对冲基金指的是，以不到100人的少量客户为对象成立的，旨在通过多样化的运营战略获取绝对收益的基金。当时巴黎银行成立的对冲基金目的在于获取高收益，可他们将资金投资在分割次级贷款后出售的债券上，最终遭受了巨大损失。

直到这个时候，大部分投资者们还处于“掉以轻心”的状态。他们没想到次级贷款大部分后来都变得岌岌可危，更没想到次级贷款的规模最后居然会膨胀到2.7万亿美元之多。当时美国1年的国内生产总值是14万亿美元，次级贷款的规模相当于占到了美国整体经济的19%以上。

2008年3月，美国排名第4的投资银行贝尔斯登（Bear

Stearns）银行经营陷入了困境，这令人们感受到了巨大冲击。在包括美联储在内的政策当局的努力之下，摩根大通银行收购了贝尔斯登银行，但这个决定也使得美联储承受了巨大的政治方面的压力。全球金融危机时期担任美联储主席的本·伯南克（Ben Bernanke）这样回顾了当时的情景：

美联储介入贝尔斯登收购过程为日后留下了话柄。当时参与该过程的一些人认为不干预大型金融机构的破产对整个金融体系来说是件好事。（中略）伦敦政治经济学院的威廉·布伊特教授曾指出我们的货币政策对于贷款项目是冷酷无情的。过度的通货膨胀政策最终导致了更严重的通货膨胀。

人们对于金融机构的贪欲产生了强烈的愤怒之情，对金融救助的反感情绪不断升温，政策当局很难进一步促进金融救助。

最终在 2008 年 9 月，美国的投资银行中持有相关次级贷款产品最多的雷曼兄弟银行宣告破产。9 月 15 日前，也就是破产前不到一周的时间，人们从雷曼兄弟银行中取走了 500 亿美元，刹那间银行的资金枯竭了。

雷曼兄弟银行在金融机构间的短期资金市场（以下称“回购市场”）中资金交易量达到了贝尔斯登银行的 3 倍，是一家重量级的投资银行，当时签约的有大概 90 万种多样化的衍生产品。雷曼兄弟银行的破产在金融市场掀起了强烈的风暴。

在第三节中我们将详细地看一看雷曼兄弟的破产给经济和金融市场造成了什么样的影响。

深度阅读

美联储为何不快速上调政策利率？

美联储否认了房地产市场存在泡沫，没有清醒地认识到诸如“2-28 贷款”这类新型产品隐藏着的巨大风险，这些是造成 2008 年全球金融危机爆发的直接原因。虽然并不能将引发金融危机的责任全归咎于美联储，但不可否认的是 2005 年前后的政策利率上调迟缓造成了房地产价格的激增。美联储如果不是把利率调整到 5%，而是上调至 6%，甚至 7%，那么就算存在别的相关因素，MBS 利率必然也会不得不随之提升。

美联储为什么迟迟不上调利率？正是因为“低物价”。2003 年伊拉克战争开始后，在很长一段时间内，消费者物价指数的上涨率没能够达到美联储的目标指数 2%，工厂开工率不足 75%，美国经济通货膨胀压力极低。这里所说的工厂开工率计算的是工厂完成的生产量与生产能力的比值。比如，产能达到 100 万辆汽车的工厂只生产出来了 70 万辆汽车，那么工厂开工率就是 70%。一般来说，工厂开工率应略微超过 80%，按照这个数值来看，21 世纪 10 年代初、中期，美国确实存在着相当多的闲置设备。

2004 年以后，消费者物价指数的上涨率超过了 2%，达到了 3%，工厂开工率也越过了80%，而利率的上调速度仍旧没有提高，美联储自然应该受到谴责。但物价上涨水平长时间达不到目标值，勉强开始有所提升之时就想要快速上调利率的确也不是件容易的事情。

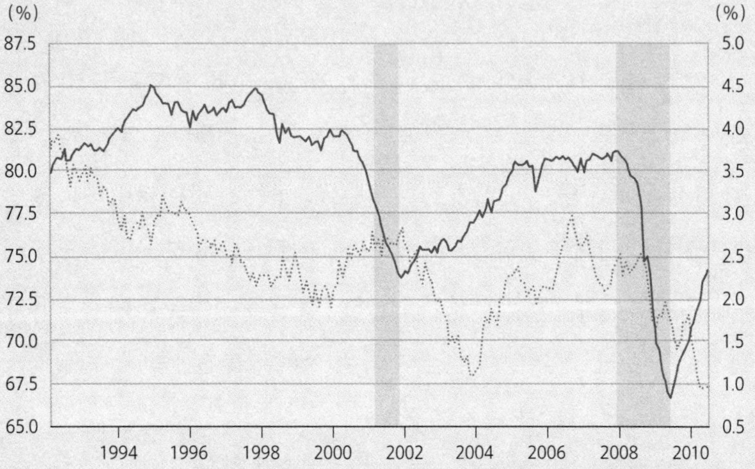

图 6-3　美国工厂开工率（实线，左侧）与消费者物价指数上涨率（虚线，右侧）的关系

· 阴影部分为美国国家经济研究局（NBER）判定的经济疲软期

数据来源：美国圣路易斯联储（https://fred.stlouisfed.org/graph/?g=t02y）

金融危机为何会导致经济崩溃？

03
The History of money

恐怕很少有人会预料到 2008 年 9 月 15 日雷曼兄弟银行的破产会给美国经济带来如此巨大的冲击。毕竟有无数的人曾主张：当金融机构面临倒闭时，外界不应当进行干预，考虑到将来，这才是最佳选择。

2008 年 4 月 3 日，“贝尔斯登收购案议会听证会”召开时，美国众多国会议员都批判摩根大通收购贝尔斯登的行为。他们希望政策当局不要干涉贝尔斯登的破产事宜，大多数人都认为摩根大通对贝尔斯登的收购是包括美联储在内的政策当局无端介入所造成的错误行为。于是，到了 9 月 15 日，雷曼兄弟银行深陷破产危机时，迫于外界压力，美联储没能向其提供任何帮助。

雷曼兄弟银行刚一破产，金融机构就开始对自身持有的资产进行“恐慌性抛售（Panic Selling）”。恐慌性抛售是指，无论价格高低将自身持有的资产销售一空的行为。目睹了雷曼兄弟银行的破产，金融机构认为无论是谁都没有能力守护住自己的资产，于是包括银行、保险公司、证券公司等在内的几乎所有的金融机构都开始争先恐后地筹措现金。

金融机构虽然持有相当庞大的资产，但可惜的是大部分资产都不具备较强的流动性，也就是说这些资产买卖起来要耗费大量的时间。最具代表性的就是包括办公楼在内的房地产。可是还有比房地产交易起来更耗费时间的资产，那就是贷款债券。例如，A银行借给B手机公司的贷款能够创造出极其稳定的收益，但A银行将此贷款债券卖给第三方时却不得不花费大量的时间。A银行和B手机公司长期以来建立起了稳定的合作关系，彼此非常了解。但有意向买入贷款债券的C银行对B手机公司却一无所知，为了避免日后可能会出现的风险，C银行肯定会进行一番缜密的尽职调查（直接到访目标公司对其经营状况进行审核）。

房地产抵押贷款的形式是MBS，因此具有较强的流动性，但这也只是极少数的个例而已，在2008年9月，甚至连MBS都成了人们规避的对象。没有人清楚房地产价格会下跌到什么程度，也没有人能预知“2–28贷款”的情况会持续到何时，所以在市场中，连MBS也无人问津了。

各个金融机构为了避免重蹈雷曼兄弟银行的覆辙，只得以低价出售自身持有的资产。无论是股票还是MBS，到处都在风风火火地大声叫卖，在2008年9月份之前，这种跌至谷底的售价是绝对难以想象的。几乎所有的市场参与者都在卖力地兜售资产，交易自然也就难以实现，金融机构的财务状况变得越来越糟糕。

因为从根本来讲，评定金融机构的市场价值是要依靠其自身持有的资产来作参照的。这就是经常提到的“以市值计价”（Mark to Market）原则。问题是在 2008 年 9 月，所有资产的价值都在下跌，金融机构所持有的资产的价值自然也会随之下降，这样一来，原本稳定的金融机构也会显得危在旦夕了。

在这里可能会有不少读者提出这样的疑问：

不是有存款保险制度吗？为什么还会出现银行挤兑？再说，政府上调存款保险的限度不就可以应对银行挤兑了吗？

实际上，当年金融危机发生时，存款保险公司对于商业银行的存款实施了交易账户担保（TAG, Transaction Account Guarantee）。不过很可惜，像雷曼兄弟、美林这样的投资银行基本上不属于存款保险制度的保护对象。

投资银行通过买入公司债或进行 MBS 投资，开展与商业银行相似的业务，但由于其不接受存款，因此也就不受政府的保护，同时也不受 BIS 所规定的自有资本比率等条款的约束。就算政府上调存款保险的限度，对于投资银行来说也无法避免银行挤兑。

最终，美国经济出现了第二次恶性循环。家庭所持有的最为重要的资产——房地产的价格在暴跌，就连股市都在一路下行，这使得人们的消费心理开始逐渐萎缩起来。2008 年的最后四个月里有240万个岗位凭空消失，2009年上半年又有380万个岗位消失。失业率的上升使得家庭消费进一步缩减，人们不得不出售持有的房地产以换取生活费，恶性循环就这样一直延续着。

在这里我们不妨来思考一下这个问题。

房地产市场价格暴跌，投资MBS的金融机构遭受巨大损失，在此状况下发生“恐慌性抛售”，所有资产价格大幅跌落，面对这样的局面，政府应该采取什么样的措施呢？

首先应该做的事情就是下调利率以帮助房地产市场尽快回暖。2008年末，美联储的政策利率已经下调至0%。受此影响，市场利率及房地产抵押贷款利率都有所下降。当然，因为没有银行愿意继续放贷，房地产市场也不可能立刻回暖，但中央银行向市场投放了充足的资金，充分体现出了积极扶持经济的坚定意愿，从这一点来讲是具有成效的。

但是仅仅依靠下调政策利率是远远不够的。当恐慌性抛售房地产、股票、贷款债券的金融机构数量较多时，没有人知道下一个倒闭的金融机构是哪家，谁都不敢进行交易时，仅仅依靠下调利率是难以缓解危机的。

2008年我在某家银行的交易室（Dealing Room，为了便于进行外汇或商品等的交易，银行的交易部门集中在一起的办公室）

经历的事情对于理解什么是“金融危机”似乎很有帮助，所以在这里给大家介绍一下。那是 2008 年 9 月下旬，韩国一家银行和欧洲的大型银行进行交易时所发生的事情。韩国这家银行与欧洲的银行对于彼此的条件比较满意，最终交易成功，最后双方都大喊着“Deal Done，（成交）”。

可第二天欧洲银行却急急忙忙联系韩国这边的银行，说是“所有费用都由我们来承担，拜托取消交易”。交易虽然已经达成，可仍然能够提出这种要求是因为外汇市场“现货”交易所要求的汇款或清算都是在 2 天后才完成的。也就是相当于当天以现价完成交易，合约在 2 天后才真正生效。

当韩国这边的银行向他们询问理由时，对方的回答是这是风险管理部门下的命令，因为“韩国的银行风险性太大，不能与其进行交易”。可我当时工作的银行非常稳定，自有资本比率甚至比对方银行还要高出很多。但对方银行的风险管理部门认为韩国的银行全都是具有危险性的，所以才会命令取消交易。

这就是金融危机。因为不知道对方究竟是谁，手里握着多少与次级贷款相关的产品，所以哪怕稍微起一点疑心，也根本不会与对方进行交易。在这样彼此不信任的情况下，不可能实现正常的经济活动，经济会永无止境地陷入恶性循环当中。其实，这也是 1929 年大萧条（Great Depression）时期时所发生过的事情。当时美国有超过 1 万家银行申请破产，造成了严重的信贷紧缩，对美国经济来说无疑是雪上加霜。

在这种局面下，中央银行除了下调利率之外还应该采取什么措施呢？我们将在下一节中仔细探讨这个问题。

深度阅读

2006 年起，美国房地产衰退的另一个原因是什么？供过于求！

造成美国房地产市场在 2006 年遭遇寒冬并在随后逐渐衰退的直接原因，一方面是利率的上升以及“2–28 贷款”购房者大量抛售房源，另一方面是由于住房供给的爆炸式增长。

图 6-4 展示的是 20 世纪 60 年代之后的美国新房开工量（housing start）。从图中可看到年均住房供给量在大约 150 万户左右，2005 年前后这个数字则持续性地维持在年均 200 万以上。

2011 年，股票投资界的传奇人物沃伦·巴菲特（Warren Buffett），曾在其公司伯克希尔·哈撒韦举行的股东大会上针对美国住房市场的状况发表过如下见解。

住房状况会得到恢复的。从长远来看，住房数量肯定要与家庭数量相吻合。但 2008 年以前，住房数量比家庭数量要多。膨胀得过大的泡沫破碎的同时让整个经济也跟着翻天覆地，所以才会引发其他问题。在经济低迷的初期阶段，家庭数量的增加趋势也逐步放缓，2009 年家庭数量急剧减少。但可怕的供需关系出现了

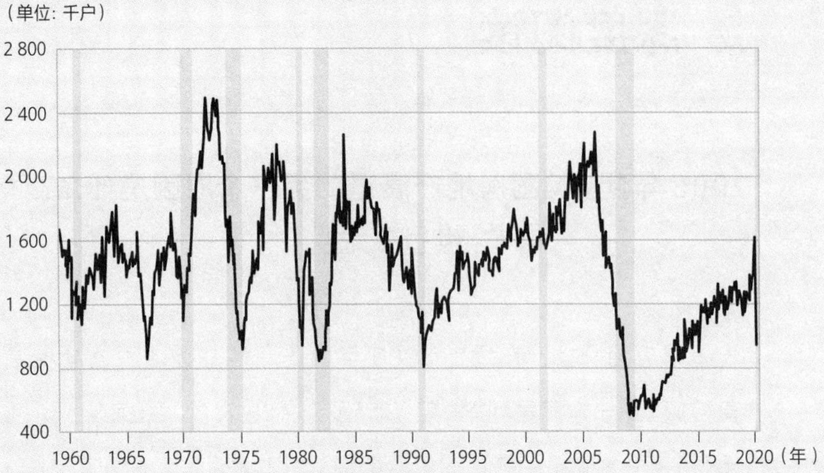

图 6-4　美国新房开工量变化

· 阴影部分为美国国家经济研究局（NBER）判定的经济疲软时期

数据来源：美国圣路易斯联邦储蓄银行（https://fred.stlouisfed.org/series/HOUST）

逆转。现在，相比住房数量，家庭数量每天都在增加。虽然人们在经济低迷时期生活在婆家或娘家，但很快就变得想要脱离这样的生活。

现在住宅建筑数量达到每年 60 万户，这远远少于家庭增加数量。购买或租赁住房数量的增加会快速抵消掉过去过剩的住房供给。

2006 年起开始出现的房地产市场的低迷，2011 年起出现的回暖趋势都充分展现了“供给”的重要影响力。

近来在新冠肺炎疫情的冲击下，美国等发达国家的房地产市场却呈现强劲势头，其中的原因也能够从上述论述中找到线索。2008 年全球金融危机以后，住宅供给量持续低于历史平均值（150 万户），人们对住宅的需求量要远高于供给量，这为房地产市场的强劲势头提供了充足的动力。

美联储是如何恢复经济的？

04
The History of money

中央银行一般肩负着两方面的任务。一个是为保障经济稳定而不断努力，另一个是为了维护平稳的金融体系而进行有效管理。为了完成第一项任务，中央银行最常使用的政策手段就是调节利率。就像每次韩国银行下调利率时，其他各银行也随之下调存款利率一样，中央银行的利率政策能够给经济带来非常巨大的影响。但比调节利率更为重要的手段就是提供抵押贷款。金融机构为了避免破产往往会急于出售自身资产，那么其持有资产的价值也会不断下跌。金融机构无法明确地判断当前自身究竟是确实不具备偿还资金的能力，还是说只是暂时性地陷入困境。这时就需要中央银行对这些机构伸出援手了。

暂时性遇到资金困难的金融机构如果以贷款债券作担保的话，中央银行能够向其提供借款。

这被称为定期资产抵押证券贷款工具（TALF）。名字听起来非常复杂，实际上指的是银行以其所持有的各种贷款债券（MBS、学费贷款、汽车分期贷款等）作为担保来借钱的一种措施。虽然是以优质贷款作为担保，但中央银行还是会面临遭受损失的风险，因此会向金融机构收取高额利息。如果不这样做，就可能会造成金融机构稍一缺钱就向中央银行伸手的问题。也就是说，中央银行通过制定"惩罚性"利率的方式来引导金融机构只在非常紧急的情况下向中央银行求助。

2008 年全球金融危机爆发时，美联储扮演的最为重要的角色就是这样的。然而，那些在次级贷款相关产品上投入比重较大的金融机构已经遭受了巨大的损失，仅依靠将优质贷款转移给中央银行获得借款是无法应对银行挤兑的。于是美联储除了提供抵押贷款（TALF），还会果断地进行大规模的资产救助（TARP，不良资产救助计划的缩写）。美联储与美国财政部经过协商讨论制定出经济复苏法案，对于那些可能会对整体经济产生重大影响的金融机构几乎不设限制地投入资金加以扶持。

然而这个法案却在 2008 年 9 月 29 日被美国国会否决了。议员们之所以否决了对于金融机构的资金资助法案，是因为"国民情绪"。银行提供的次级抵押贷款给经济造成了严重冲击，可银行却能够照样把奖金装进口袋，这种看起来不道德的行为引发了全国上下的一致反对。

国会的抵制基本到此为止。同一天，道·琼斯工业指数（DJIA）

暴跌了778点，随着金融机构接连破产，恐怖氛围逐渐加重，国会也不得不作出了让步。随后，总金额高达7 000亿美元的大规模救助资金被发放了出去，金融机构面临接连破产的紧张氛围逐步缓解，而此时金融危机的解决也似乎将要过去。

然而，无论是抵押贷款（TALF）还是资产救助(TARP)都没能真正解决金融危机。这一次，强势的“经济衰退”让人们的希望破灭了。房地产价格暴跌，经济陷入低谷，不仅是花旗银行、美国银行这些大型金融机构，其他的金融机构也都难以避免地再次面临接连破产的危机。这些问题究竟该如何解决呢?

如果向所有的金融机构都投放资金，将是一笔巨额的费用，不仅如此，这也会打断银行为自救所作出的努力，造成更多的损失。就算政府向银行派遣实干可信的督导人员，也不可能比银行内部的工作人员对银行状况的了解更加深入。最终，最为有效的办法还是各个金融机构怀抱希望，努力自救，由政府来证明金融机构的平稳状态，消除人们对金融机构可能破产的忐忑情绪。政府只向那些真正需要帮助的金融机构投入资金并进行管理，这样一来既能够减轻负担，又可以有效阻止金融机构接连破产。那么如何才能判断哪些银行可以通过自救而起死回生，哪些银行缺乏帮助就只能坐以待毙呢?

美国财政部针对这个问题找到的解决方法就是“压力测试（stress test）”。所谓压力测试，原本指的是医生对患者进行检查时判断患者在危重的状况下会作出何种反应的一种方法，这里是指判断金融机构在灾难性状况下是否能够生存下去的方式。（这是 20 世纪 90 年代初期国际性投资银行研发并使用的方法，这一方法由美国当局具体加以实施。）

比如，在经济增长率低于 –3.3%、失业率高于 8.8% 的恶劣状况下，对金融机构是否还能继续生存进行测试。美国政策当局将 2009 年住房价格下跌率核算为 14%，而实际住房价格下跌率只有 5.6%。也就是通过更为夸张的数值来测定在严峻的条件下相关银行是否能够继续存活下去，通过测定结果来提供恢复消费者信任度的机会。

美国政策当局为通过此项测定的金融机构盖上“合格”的印章，与此同时对外宣布“这家金融机构非常安全”。反之，没有通过该测试的金融机构，政府会对其实施资产救助（TARP）或者为其创造便利条件使其能够自主筹措资金。

2009 年 5 月，第一次压力测试的结果显示，高盛、摩根大通等顺利通过了该测试。美国财政部宣布，19 家接受测试的银行中有必要对其资本金进行扩充的有 10 家银行，金额大约为 746 亿美元，其中富国银行、花旗银行、美国银行都需要额外扩充资本金，因此，政策当局将对这些金融机构投入国有资金或增加资本金。

这之后，奇迹出现了。银行挤兑风波逐步平息，经济也开始快速恢复起来。2009 年第三季度（7—9 月）经济还是呈现负增长态势，这之后经济展现出曲折向上的恢复趋势。更令人震惊的是，2012 年上半年投入资产救助（TRAP）的钱不仅大部分都收回了，而且还获得了巨大的收益。2008 年美国政府投入了 4 160 亿美元的资产救助，2012 年 6 月末收回了 3 440 亿美元。特别是向金融机构投入的 2 450 亿美元，竟然收回来 2 647 亿美元，也就是说收回来的钱比投出去的钱还要多。之所以能够收到这样的效果，是因为获得了资产救助的金融机构通过调节人力、出售闲置资产、增资等方式进行调整后，用由此获得的资金对资产救助进行了偿还。由于受到资产救助，作为交换条件，金融机构的最高经营者的年薪及奖金上限均受到了限制。金融机构通过迅速偿还资产救助的资金重新获得投资者的信任，它们也在不断努力使经营尽快恢复正常。

事情到这里还没结束。美联储还实施了一项重要的举措，那就是量化宽松（QE，Quantitative Easing）。所谓量化宽松，指的是由中央银行直接从银行、证券公司或养老金基金等处购买债券的政策。之所以这样做就是为了降低“长期利率”。即便是把政策利率下调至 0%，如果市场中流通的期限较长的债券仍维持高利率不变，那对经济的恢复将起不到一点帮助。

从 2008 年末开始实施的量化宽松政策立竿见影，其中效果最明显的就是房地产抵押贷款利率。该利率以 2007 年末的 6.10% 为起点开始下降，到 2008 年末降至 5.33%，2010 年 10 月降至 4.3%，利率的持续下降有效地阻止了房地产价格的暴跌。

量化宽松政策不仅大力扶持了房地产市场，而且也给企业经营注入了活力。公司债利率快速下降，企业的实际业绩随之改善，不仅如此，投资也开始逐步恢复了过来。企业投资一旦得到恢复，势必会带动劳动力市场的回暖。美国的失业率在 2009 年 10 月达到了 10%，2012 年末则下降到了 7.9%。

事实上，到目前为止，对于美联储的量化宽松政策和资产救助政策，人们的看法仍然褒贬不一。人们所持有的意见非常多样化，有人从道德层面进行批判，认为对犯下严重错误的银行实施救助简直就是胡闹；也有人觉得政府在经济局势中充当重要角色妨碍了经济改革进程，降低了经济发展效率。这些批判虽然也有一定的道理，但在 2008 年全球金融危机时，包括美联储在内的中央银行如果不积极采取应对措施，很有可能会发生比 1929 年大萧条时更为严重的危机，从这一点来看，各中央银行还是功大于过的。

深度阅读

为何如此放宽房地产限制？

生活在全世界 LTV 规定最严格的国家的人，对于 21 世纪 10 年代中期美国发生的房地产价格暴涨及暴跌事件其实难以理解。LTV 指的是贷款价值比（Loan to Value），是评估相对于住房价格能够获取多少贷款的比率。韩国投机过热地区的 LTV 是 40%，而在 21 世纪 10 年代中期美国全国平均 LTV 却已经超过了 80%。

如果换一种方法来解释 LTV 的上涨，那就是允许人们借更多的钱来购买住房。比如，人们只需要 1 亿韩元就可以购买市值 5 亿韩元的住宅。如果房价上涨了 20%，达到 6 亿韩元，那么住宅所有者就相当于获取了 100% 的收益。房价上升的时候，借更多的钱就成为提高收益的捷径。

相反，如果房价一旦下跌，就会遭受致命的损失。当原本价值 5 亿韩元的房产跌至 4 亿韩元时，花费 1 亿韩元买房的人相当于本金打了水漂。银行自然不可能不知道购房人的本金都打了水漂，那么银行会立刻要求回收贷款，结果就会造成住房被拍卖，同时贷款购房的人会收到一连串催缴贷款利息的通知书。如果换成股

图 6-5　美国 LTV 的变化趋势（固定利率贷款标准）

数据来源：美国联邦住房管理局

票市场，只要回顾一下《商海通牒》（*Margin Call*）[1]这部电影就能够理解了。

更严重的问题是连续性的银行查封。比如，如果邻居家由于住房遭到查封而被低价卖掉，那自身所住的房子价格也会下跌。房地产不像股票每天都在进行交易，周围房产的价格其实也就相当于自身住房的价格。而且关于住房价格的信息银行是了如指掌的，一旦发现抵押物的价值有下跌趋势，银行就会实施贷款回收。仅就韩国来看，KB 房地产行情就被用来衡量决定贷款相关事宜的标准。

上述事例带给我们的启示非常明确。对于住房市场放宽限制要慎之又慎。在住房价格上升之时，放宽政策可能会发挥积极的作用；而一旦住房价格开始下跌，放宽政策可能就会成为引发一系列恶性循环的“催化剂”。

但是在 21 世纪 10 年代中期，美国对于这种危险性却过于轻视了。当时布什政府实施的宽松政策也有其自身的理由。那个时期，美国为了解决日益严重的不平等问题正面临着重重困难。20 世纪 90 年代信息革命拉开帷幕，企业对高学历人才的需求日益增高，而在促进发展自动化的过程中对于低学历（及非熟练）劳动者的需求却在逐步减少。如果社会上增加更多的大学毕业生等高学历人才就

1 Margin Call：追缴保证金，指的是期货合约的存放保证金或基金的投资本金一旦遭受损失，交易所会立即对此提出追加的要求。

可以应对这种趋势，可事情远没有这么简单。1930 年到 1980 年间，30 岁以上的美国人的受教育年限平均每 10 年就会增加 1 年，1980 年比 1930 年增加了 4.7 年。但从 1980 年到 2005 年，受教育年限却一共只增加了 0.8 年，这远远跟不上信息革命对于劳动力需求的变化步伐。

出现这种现象的原因在于父母们对于教育的态度发生了巨大的变化。亚洲裔移民者及高收入阶层的父母们对于子女的教育投入了极大热情，与之相反，低收入阶层的父母们却并没有多么强烈的积极性。父母们主要受到了两方面的影响：一方面是“习得性无助”，也就是感到“就算再努力也无法改变当前状况”的人不断增多；另一方面，政府对于改善教育环境并没有进行积极的投入。

那么该如何解决不平等的世袭（及深化）问题呢？大致有这样两种方法。一种是从长远来看，应整改教育体系，特别是对低收入阶层的子女接受高等教育给予支持。但实施该项措施在短期内很难见到成效，在投入资金的过程中也会遇到各种困难。

而另一种方法则会在短期内快速解决收入不公平的问题。那就是放宽限制，振兴住房市场。将限制予以放宽，使得低收入阶层也能够有条件购买住房，较之前降低初始利率，这一方法能够使这些人的资产快速增加。资产价格的上升能够使不平等问题得到一定的缓解。但 2008 年房地产市场崩溃后，美国社会的不平等问题变得更加严重，布什政府的政策最终以失败告终。

经济危机应对指南会一直有效吗?

通过观察 2008 年全球金融危机的起因及应对过程，我们能够发现什么样的政策在应对金融危机时是行之有效的。以下三条“经济危机应对指南”在 2008 年发挥了成效，被主要中央银行的决策者积极地运用到了实处。我所认为的“金融危机应对指南”核心内容同样主要包含以下三方面。

第一，当发生金融危机的可能性不断升高时，立刻下调利率，向经济主体果断传达这样的信息：“中央银行为了维护金融市场的稳定正在作出努力”。通过这样的措施不仅能够降低出现银行挤兑的风险，而且能够缓解金融机构进行恐慌性抛售的冲动。

第二，尽管作出上述努力，但恐慌性抛售的压力仍在增加，政府与金融机构相互间的信任不断弱化时，政府要积极给予流动性援助（2008 年的 TALF）。应当接受金融机构以自身持有的优质贷款为担保，对其积极投放借款，从而阻止金融危机的进一步扩散。也可以适时实行资产救助（2008 年的 TRAP），并通过“压力测试”选定需要给予援助的金融机构。通过这些措施不仅可以阻止银行挤兑的扩散，也有助于建立起金融机构维持正常经营的基础。

第三，即使下调利率经济状况仍逐步恶化时，要迅速实施量化宽松政策。受到恐慌性抛售的冲击，连债券市场也陷入一片混乱之时，除了中央银行没有其他主体具有能力来阻止事态的进一步恶化。诸多学者均表示，2009 年后实施的三次量化宽松政策在降低市场利率、改变经济活动参与者的心理方面作出了巨大的贡献。因此，在经济状况急转直下时，除了下调利率之外，还应该同时实施量化宽松政策。

上述的三条政策在 2020 年春天新冠肺炎疫情发生时也同样得到了实施。比如，美联储在 2020 年 3 月 15 日召开紧急会议决定将政策利率下调至 0%，同时立即实施量化宽松政策。不仅如此，3 月 23 日还果断实施了包括为公司债市场提供流动性援助等在内的一系列应对政策。

当然，上述这些强力的应对措施对于恢复受到新冠肺炎疫情冲击的经济究竟有何种贡献，现在评价起来还为时尚早。但非常明确的一点是，自从美联储采取了迅速的应对措施之后，金融市场又重新恢复了稳定。至少，目前尚未观测到金融机构出现连续性破产的风险。股票及汇率等核心的金融市场指标的涨跌幅，即向上和向下的变动水平在逐步缩小。

虽然还需要进一步地研究，但至少从目前的状况来看，2008年全球金融危机的发展过程中总结出的“经济危机应对指南”充分发挥了功效。在这一部分当中，我作为对历史深感兴趣的经济分析家还是比较有自信的。对2008年全球金融危机发展过程的学习，为应对当今社会实际出现的问题提供了大量的帮助。

结束语

面对前所未有的新冠肺炎疫情，这个世界究竟会朝着什么方向发展？相信不少读者会为此而感到忧心忡忡。作为一个拥有 27 年相关工作经验的经济学家和一个不断学习与金融相关的历史的人，我认为很有可能会出现以下三种趋势。

第一，通货紧缩的压力不断升级的可能性极高。信息革命促使经济生产效率不断提高，然而新冠肺炎疫情冲击所引发的经济不景气却造成经济上的有效需求出现大幅缩减。生产设备大量闲置，产品不断积压导致失业者增多，这势必会造成价格下调的压力上升。2020 年下半年，韩国仅有 30% 的企业有招聘新人的计划，这充分印证了这一趋势。

第二，零利率将长期化。面对强大的通货紧缩压力，各国中央银行势必会全力应对通货紧缩。美联储公布的平均通胀目标制（Average Inflation Targeting）暗示了今后在相当长的一段时期内都会维持零利率政策。为了了解什么是平均通胀目标制，我们来看一下下图中 2008 年全球金融危机前后美国的消费价格走势。虚线

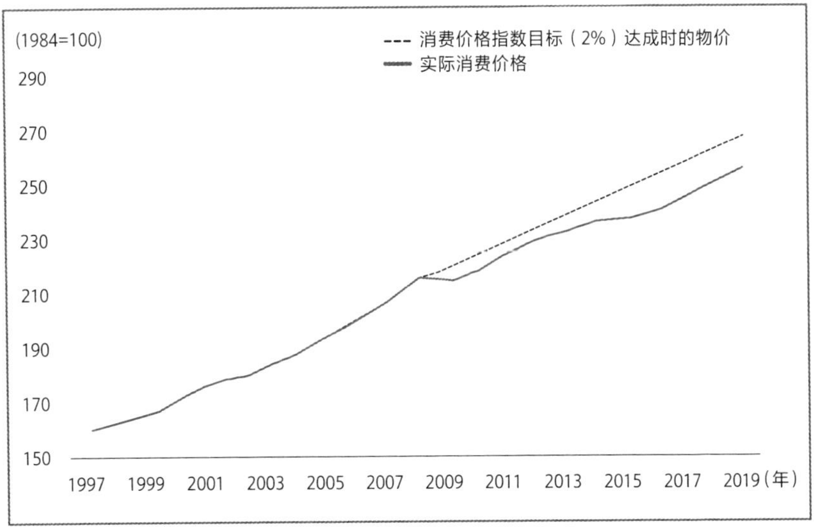

图 7-1　美国消费价格走势图

数据来源：IMF

标示出的是美联储的目标（物价上升 2%）达成之时的消费价格，实线标示出的是实际的消费价格走势。2008 年全球金融危机前后，经济内部遭到了结构性冲击，消费价格与过去的走势相比明显下降。平均通胀目标制指的是，即便消费价格指数暂时超过了政策当局的目标，平均物价水平没有达到 2% 的话，也不会断然上调利率。即约定在消费价格达到图中虚线的水平前，绝不会上调利率。

第三，财政政策的重要性与过去相比明显提高。政府利用从国民那里收缴的税收大力促进教育、国防、SOC（系统级芯片）

投资等个人难以进行的事业，当出现2020年初那种空前的经济不景气状况时，政府将扩大支出以努力避免经济陷入无边无尽的衰退局面之中。但如果出现利率快速上升的情况，财政政策则无法收到成效。政府在资金短缺的状况下从市场借款，如果借款时所需支付的费用（利息）增加，那么将会出现无法控制负债的风险，政府在发行债券的过程中进一步上调利率的话，从企业或个人处借款将变得更加困难。近来政府发行的债券利率降到了历史最低水平，只要中央银行持续实施量化宽松（中央银行在债券市场中购买国债或公司债等的行为）政策，那么利率将很难快速升高。在史无前例的低利率环境背景下，预计政府将持续展开强有力的经济刺激政策。

从当前的状况很难判断上述三种趋势究竟何时能够结束。我们在第六章中谈及了主要国家中央银行在努力扩大货币供应，这方面的成功与否将决定经济能够回归正常化的具体时期。

我真诚地希望通过仔细观察历史所带来的启示，使全球经济能够尽早从新冠肺炎疫情造成的经济萧条中脱身而出。

参考资料

第一章 新安宝藏船的秘密

1 新安宝藏船为何载满中国铜钱?

국립중앙박물관(2016), 『신안해저선에서 찾아낸 것들』, 144, 240, 250 쪽.

팟캐스트: 흔적의 역사(2016.8.19), 〈신안 보물선 800 만 개 동전의 비밀〉.

동아 사이언스(2014.5.5), "안전선박의 핵심, 복원력 총정리".

하네다 마사시 편/조영헌, 정순일 공역/고지마 쓰요시 감수(2018), 『바다에서 본 역사』, 94, 134 쪽.

찰스 윌런(2020), 『돈의 정석』, 39—41 쪽.

伊原 弘 등(2009), 『宋錢の世界』, 13, 29 쪽.

2 宋朝的金属货币为何会在东亚流通?

Stephen Broadberry, Hanhui Guan, and David Daokui

Li(2017), “CHINA, EUROPE AND THE GREAT DIVERGENCE: A STUDY IN HISTORICAL NATIONAL ACCOUNTING, 980-1850)”, Discussion Papers in Economic and Social History No. 155, April 2017.

伊原 弘 등(2009), 『宋錢の世界』, 29쪽.

리처드 폰 글란(2019), 『케임브리지 중국경제사』, 415, 418, 466—468쪽.

연합뉴스(2014.11.18), “구형 10원 동전 녹여 팔아 20억원 챙긴 주물기술자”.

폴 로프(2010), 『옥스퍼드 중국사 수업』, 212쪽.

미야자키 이치사다(2006), 『중국사의 대가, 수호전을 역사로 읽다』, 204—205쪽.

오카모토 다카시 편(2016), 『중국경제사』, 266쪽.

디터 쿤(2015), 『하버드 중국사 송: 유교 원칙의 시대』, 115—116, 122—123, 133쪽.

3 中国人为何喜爱黄金和白银?

리처드 폰 글란(2019), 『케임브리지 중국경제사』, 467—468, 469—470쪽.

김이한 등(2013), 『화폐 이야기』, 87쪽.

오카모토 다카시 편(2016), 『중국경제사』, 218 쪽.
디터 쿤(2015), 『하버드 중국사 송: 유교 원칙의 시대』, 434, 441, 443 쪽.
티모시 브룩(2014), 『하버드 중국사 원·명 - 곤경에 빠진 제국』, 91—93, 131 쪽.
에릭 밀란츠(2012), 『자본주의의 기원과 서양의 발흥』, 61, 64 쪽.
국립중앙박물관(2016), 『신안해저선에서 찾아낸 것들』, 323—325, 327 쪽.
로널드 핀들레이, 케빈 H. 오루크(2015), 『권력과 부』, 118—119 쪽.

给我们的启示　货币供应影响经济周期！

Karl Gunnar Persson, Paul Sharp(2016), 『유럽경제사』, 45—46, 49 쪽.
St. Louis Fed(2019), “Finance and Development: Evidence from Firm-Level Data”.

第二章　传染病蔓延时，经济会发生怎样的变化？

1 欧洲人为何前往埃尔多拉多？

재레드 다이아몬드 (1998), 『총 , 균 , 쇠』, 93 쪽 .

국립중앙박물관 공식 블로그 , “황금문명 엘도라도”.

피터 L. 번스타인 (2001), 『황금의 지배』, 171—173 쪽 .

아노 카렌 (2001) 『전염병의 문화사』, 36, 120 쪽 .

대런 애쓰모글루 , 제임스 A. 로빈슨 (2012), 『국가는 왜 실패하는가』, 150 쪽 .

Massimo Livi-Bacci(2009), 『세계인구의 역사』, 63 쪽 .

이영림 , 주경철 , 최갑수 (2011), 『근대 유럽의 형성 - 16—18 세기』, 50—51 쪽 .

론도 캐머런 외 (2009), 『간략한 세계경제사』 87 쪽 .

윌리엄 맥닐 (2005), 『전염병의 세계사』, 189 쪽 .

윌리엄 번스타인 (2005), 『부의 탄생』, 199 쪽 .

신상목 (2019), 『학교에서 가르쳐주지 않는 세계사』, 50—52 쪽 .

2 随风而逝的是什么？

동아일보 (2020.6.11), “흑인노예 고정관념 심고 KKK 미화한 영화 , ‘바람과 함께 사라지다’ HBO 서 퇴출”.

대런 애쓰모글루 , 제임스 A. 로빈슨 (2012), 『국가는 왜 실패하는가』, 501—503 쪽 .

윌리엄 맥닐 (2005), 『전염병의 세계사』, 225, 232 쪽.
BRIC 동향 (2017.2.17), "아즈텍 사회의 붕괴를 초래한 유럽의 살모넬라균".
티모시 C. 와인가드 (2019), 『모기』, 5, 232 쪽.
마크 애론슨, 마리나 부드호스 (2013), 『설탕, 세계를 바꾸다』, 23, 40 쪽.
찰스 만 (2020), 『1493: 콜럼버스가 문을 연 호모제노센 세상』, 158—159, 178—179, 198, 503 쪽.
Paul E. Lovejoy(1982), "The Volume of the Atlantic Slave Trade: A Synthesis", The Journal of African History Vol. 23, No. 4, pp. 473—501.
Massimo Livi-Bacci(2009), 『세계인구의 역사』, 82—84 쪽.

3 爱尔兰人为何如此爱戴肯尼迪总统?

연합뉴스 (2010.12.7), "가장 인기 높은 미국 대통령은 ?".
Massimo Livi-Bacci(2009), 『세계인구의 역사』, 93, 95—97 쪽.
라이지엔청 (2010), 『경제사 미스터리 21』, 197 쪽.
제이누리 (2018.5.8), "아일랜드 역사를 바꾼 '비'와 '감자잎마름병'".
윌리엄 번스타인 (2019), 『무역의 세계사』 406—407, 461—464, 477 쪽.
로널드 핀들레이, 케빈 H. 오루크 (2015), 『권력과 부』, 565—

566 쪽 .
Kevin H. O’rourke & Jeffrey G. Williamson(2005), “From Malthus to Ohlin: Trade, Industrialization and Distribution Since 1500”, Journal of Economic Growth Vol. 10, pp.5—34.
찰스 만 (2020), 『1493: 콜럼버스가 문을 연 호모제노센 세상』, 374, 399, 403 쪽 .
래리 주커먼 (2000), 『감자 이야기』, 256 쪽 .
C. Knick Harley(1988), “Ocean Freight Rates and Productivity, 1740-1913: The Primacy of Mechanical Invention Reaffirmed”, The Journal of Economic History Vol. 48, No. 4.
Kevin H. O'Rourke(1997), “The European Grain Invasion, 1870-1913”, The Journal of Economic History Vol. 57, No. 4, pp. 775—801.

4 比战争还可怕的“西班牙流感”的蝴蝶效应，美国修改移民法

김두얼 (2020), 『사라지는 것은 아쉬움을 남긴다』, 98 쪽 .
라이지엔청 (2010), 『경제사 미스터리 21』, 112, 148—150, 160—161 쪽 .
동아 사이언스 (2020.3.21), “감염병 사태는 표심을 바꾼다”.
Massimo Livi-Bacci(2009), 『세계인구의 역사』, 185—186 쪽 .

송병건 (2019), 『경제사 제 3 판』, 528—529 쪽 .

U.S. Department of Homeland Security, "Yearbook of Immigration Statistics: 2010".

George J. Borjas(2003), "The Labor Demand Curve is Downward Sloping: Reexamining the Impact of Immigration on the Labor Market", NBER Working Paper No. 9755 Issued in June 2003.

폴 크루그먼 (2009), 『국제 경제학 (8 판)』, 187 쪽 .

로버트 J. 고든 (2017), 『미국의 성장은 끝났는가』, 406—407 쪽

연합뉴스 (2016.11.13), "누가 , 트럼프에게 표를 던졌나".

양동휴 (2009), 『20 세기 경제사』, 62 쪽 .

한국경제신문 (2009.7.27), "대공황과 뉴딜정책".

给我们的启示　传染病的时代，我们将会面临什么？

Maddison Project Database (MPD) 2018.

Karl Gunnar Persson, Paul Sharp(2016), 『유럽경제사』, 219—221 쪽 .

송병건 (2019), 『경제사 (3 판)』, 476—477 쪽 .

第三章　气候变化改变的历史分界点

1 冰岛和格陵兰岛，名字中蕴含的苦涩

재레드 다이아몬드(2005), 『문명의 붕괴』, 260—261, 321—322, 377 쪽.

로널드 핀들레이, 케빈 H. 오루크(2015), 『권력과 부』, 133—136 쪽.

노의근(2019), 『기후와 문명』, 116—117, 121 쪽.

벤저민 리버만, 엘리자베스 고든(2018), 『시그널 - 기후의 역사와 인류의 생존』, 152—153, 157—158, 160, 166, 170—172 쪽.

H.H. Lamb(1995), "Climate, History and The Modern World 3rd Edition", p.83.

Massimo Livi-Bacci(2009), 『세계인구의 역사』, 41, 143—144 쪽.

브라이언 페이건(2007), 『기후, 문명의 지도를 바꾸다』, 357—358 쪽.

2 文明的摇篮，美索不达米亚为何沦为荒芜之地?

경향신문(2010.10.14),"고대 문명 발상지'비옥한 초승달'황무지화".

로널드 핀들레이, 케빈 H. 오루크(2015), 『권력과 부』, 133—136, 153 쪽.

노의근(2019), 『기후와 문명』, 153 쪽.

벤저민 리버만，엘리자베스 고든(2018)，『시그널 - 기후의 역사와 인류의 생존』，152—153, 157—158, 160, 166, 170—172 쪽.
서울신문(2019.1.13), "최고의 선물을 가져다 준 나일강".
루스 디프리스(2018)，『문명과 식량』，117—118, 146—147 쪽.
이부 - 루고드(2006)，『유럽패권 이전 13 세기 세계체제』，173 쪽.
윌리엄 번스타인(2019)，『무역의 세계사』，196—197 쪽.
블로그：〈다른 나라 지리 자료들 Geowiki〉.
사이언스올(2009.4.1), "삼투압 현상".
Shabbir A. Shahid and Mohammad Zaman(2018), "Soil Salinity: Historical Perspectives and a World Overview of the Problem," Guideline for Salinity Assessment, Mitigation and Adaptation Using Nuclear and Related Techniques,pp. 43—53.

3 12 世纪后中国为何备受北方民族侵略的困扰?

伊原 弘 등(2009)，『宋錢の世界』，24 쪽.
피타 켈레크나(2019)，『말의 세계사』，272 쪽.
스기야마 마사아키(2013)，『유목민의 눈으로 본 세계사』，54—55, 124 쪽.
Ying Bai and James Kai-sing Kung(2011), "Climate Shocks and Sino-nomadic Conflict," Review of Economics and Statistics, Vol. 93 Issue 3, August 2011, pp.970—981.

오카모토 다카시 편(2016), 『중국경제사(경북대학교 출판부)』, 26—27쪽.
경향신문(2017.11.9), "'백년하청' 황허강이 맑아진다. 성인이 출현할 것인가".
노의근(2019), 『기후와 문명』, 104—105쪽.
Paul R. Sheppard 등(2004), "Annual precipitation since 515 BC reconstructed from living and fossil juniper growth of northeastern Qinghai Province, China," Climate Dynamics 23(7), 869—881, Dec. 2004.
찰스 만(2020), 『1493: 콜럼버스가 문을 연 호모제노센 세상』, 336—337, 344쪽.

给我们的启示 ESG风潮的起因是什么？

New Atlas(2020.6.3), "Atmospheric CO2 hits 23-million-year peak, plant fossils reveal".
메리츠투자증권(2020.5.14), "메가트렌드가 된 ESG투자, 평가 방법론과 성과 및 최근 동향".
DB투자증권(2018.1.18), "ESG에 반(反)하다".
한국금융신문(2020.6.26), "안효준 국민연금 CIO 'ESG에 초점 맞춘 투자 강화'".
NH투자증권(2018.11.8), "착한 기업 투자법: ESG로 알파 찾기".

第四章　为什么西方得以在 19 世纪称霸世界？

1 美元是如何成为国际关键货币的？

BIS, “Triennial Central Bank Survey of Foreign Exchange and Over-the-counter (OTC) Derivatives Markets in 2019”.

IMF(2020.6.30), “Currency Composition of Official Foreign Exchange Reserve”.

홍춘욱 (2016), 『환율의 미래』, 183—191 쪽 .

폴 크루그먼 (2009), 『국제경제학 8 판』, 62 쪽 .

라이지엔청 (2010), 『경제사 미스터리 21』, 139—142 쪽 .

이영림 • 주경철 • 최갑수 (2011), 『근대 유럽의 형성 16-18 세기』, 447 쪽 .

윌리엄 번스타인 (2017), 『부의 탄생』, 228—230 쪽 .

2 西方的军队为什么能称霸世界？

카를로 치폴라 (2010), 『대포 범선 제국』, 14—15 쪽 .

김형오 (2013), 『술탄과 황제』, 40—41 쪽 .

도현신 (2016), 『전장을 지배한 무기전 전세를 뒤바꾼 보급전』, 104—105 쪽 .

리보중 (2018), 『조총과 장부』, 132—135 쪽 .

임용한 (2014), 『명장 , 그들은 이기는 싸움만 한다』, 247 쪽 .

김시덕 (2015), 『동아시아 , 해양과 대륙이 맞서다』, 30 쪽 .

맥스 부트(2007), 『MADE IN WAR 전쟁이 만든 신세계』, 36—37쪽.
정명복(2013), 『쉽고 재미있는 생생 무기와 전쟁 이야기』, 52쪽.
필립 T. 호프먼(2016), 『정복의 조건』, 32쪽.
니얼 퍼거슨(2002), 『현금의 지배』, 48—49, 105쪽.

3 壬辰倭乱初期，朝鲜军队为何单方面受制于日本军队?

김시덕(2019), 『일본인 이야기 1』, 192쪽.
신상목(2019), 『학교에서 가르쳐주지 않는 세계사』, 161, 177, 191쪽.
이상훈(2014), 『전략전술의 한국사』, 188—189쪽.
리보중(2018), 『조총과 장부』, 142—143쪽.
중앙일보(2018.11.11), "재주는 조선이 넘고 돈은 일본이 벌었다. 통한의 '연은술'".
동북아역사넷, "연은 분리술(회취법)의 탄생".
이정수·김희호(2006), 『조선시대의 화폐와 화폐량』, 64쪽.
홍춘욱(2019), 『50대 사건으로 보는 돈의 역사』, 81—82쪽.
한국민족문화대백과사전, 『은(銀)』.
주경철(2008), 『대항해 시대』, 266—267쪽.
동북아역사넷, "일본의 정권교체와 조·일 국교 재개".
맥스 부트(2007), 『MADE IN WAR 전쟁이 만든 신세계』, 71쪽.

山内晋次 (2009), 『日宋貿易と「硫黄の道」』, 22 쪽 .

4 西方第二次军事改革从制式训练开始!

경향신문 (2013.7.26), "합스부르크가 , 동유럽의 '새로운 태양'".
카를로 마리아 치폴라 (2015), 『스페인 은의 세계사』, 42—43 쪽 .
니얼 퍼거슨 (2002), 『현금의 지배』, 32—34 쪽 .
맥스 부트 (2007), 『MADE IN WAR 전쟁이 만든 신세계』, 136 쪽 .
윌리엄 맥닐 (2005), 『전쟁의 세계사 (2005)』, 177, 183—184 쪽 .
네이버 블로그 〈학생의 근세사〉.
로널드 핀들레이 , 케빈 H. 오루크 (2015), 『권력과 부』, 279—287 쪽 .
김시덕 (2019), 『일본인 이야기 1』, 355 쪽 .
카를로 치폴라 (2010), 『대포 범선 제국』, 84—85 쪽 .

给我们的启示 西方是如何得以在 19 世纪称霸世界的？

필립 T. 호프먼 (2016), 『정복의 조건』 7—8, 10 쪽 .
카를로 치폴라 (2010), 『대포 범선 제국』, 14—15 쪽 .
홍춘욱 (2017), 『잡학다식한 경제학자의 프랑스 탐방기』, 70—71 쪽 .
양동휴 (2014), 『유럽의 발흥』, 62 쪽 .

第五章　金融如何改变社会?

1 金融发达的优点是什么?

뉴스토마토(2018.4.13), “부실저축은행 지원금 회수율 41 퍼센트… 지난해 1 조 3 백억원 회수”.

한국경제신문(2019.10.11), “뱅크런 32 兆 · 피해자 10 만…저축銀 PF 대출 부실로 드러난 최대 금융비리”.

연합뉴스(2016.2.20), “서민금융에 충격 ‘저축은행 사태’ 5 년…변화는 현재 진행형”.

이찬근(2011), 『금융경제학 사용설명서』, 44 쪽.

홍춘욱(2020), 『디플레 전쟁』, 36—37 쪽.

Matthew Famiglietti , Fernando Leibovici(2019), “Finance and Development: Evidence from Firm-Level Data,” Federal Reserve Bank of ST. LOUIS.

Massimo Livi-Bacci(2009), 『세계 인구의 역사』, 93, 95—97 쪽.

라이지엔청(2010), 『경제사 미스터리 21』, 186—190 쪽.

CORMAC Ó GRÁDA AND EUGENE N. WHITE(2003), “The Panics of 1854 and 1857: A View from the Emigrant Industrial Savings Bank,” The Journal of Economic History, March 2003.

MORGAN KELLY AND CORMAC (2000), “Market Contagion: Evidence from the Panics of 1854 and 1857,” The American

Economic Review Vol. 90, No. 5 (Dec. 2000), pp. 1110-1124.
연합뉴스 (2019.1.15), “로스차일드家 , 200 년의 오스트리아 ‘애증의 역사’ 마감”.
찰스 페인스틴 , 피터 테민 , 지아니 토니올로 (2008), 『대공황 전후 세계경제』, 95, 153 쪽 .
한국은행 , “지급결제제도의 발전과 중앙은행”.

2 英国让英镑成为关键货币的经验是什么?

니얼 퍼거슨 (2010), 『금융의 지배』, 28 쪽 .
문화뉴스 (2016.12.20),“로빈 후드가 활동하던 숲을 탐험하던 중‘금속 탐지기’가 울리기 시작했다”.
김이한 등 (2013), 『화폐 이야기』, 27—28, 33, 41 쪽 .
왕링옌 , 왕퉁 (2018), 『역사 속 경제 이야기』, 130—138 쪽 , 141—147 쪽 .
신상목 (2019), 『학교에서 가르쳐주지 않는 세계사』, 299—300 쪽 .
양동휴 (2014), 『유럽의 발흥』, 317 쪽 .
서울경제 (2017.3.23), “뉴턴 연금술과 첼로너의 화폐 위조”.
한국경제 (2018.7.15), “[디자인의 비밀] 동전 옆 테두리가 톱니바퀴 모양인 이유”.
니얼 퍼거슨 (2002), 『현금의 지배』, 187—190 쪽 .

3 印度货币改革后发生了什么事?

주간조선 (2019.4.21), “화폐개혁 , 누가 군불 지피나”.
뉴스토마토(2019.5.20),“이주열 총재‘리디노미네이션 추진 안 한다”.
한국민족문화대백과사전 , 『화폐개혁』.
국가기록원 , 『제 3 차 긴급통화금융조치』.
대한민국 역사박물관 (2016.6.13), 『한국은행 총재도 모른 1962 년 6 월 10 일 화폐개혁』.
안재욱 (2019), 『리디노미네이션에 대한 오해와 진실』, 자유기업원 CFE Report.
한국투자증권 (2019.4.19), “리디노미네이션 사례와 시사점”.
한국은행 (2017.1.20), “인도의 화폐개혁에 대한 평가”.
Gabriel Chodorow-Reich, Gita Gopinath, Prachi Mishra, Abhinav Narayanan(2019), “Cash and the Economy: Evidence from India's Demonetization,” NBER Working Paper No. 25370.
The Times of India(2020.7.3), “Physical gold demand in China, India continues to wane as virus weighs”.

4 朝鲜是如何作茧自缚的?

한국은행 (2020), “2018 년 북한 경제성장률 추정 결과”.
Daron Acemoglu, David Laibson, John A. List(2019), “경제학원론 2 판”, 167—168 쪽 .

찰스 윌런 (2020), “돈의 정석”, 30—31 쪽 .

주성하 (2018), “평양 자본주의 백과전사”, 46—48 쪽 .

국사편찬위원회 (2006), “화폐와 경제활동의 이중주”, 98—99 쪽 .

왕링옌 , 왕퉁 (2018), “역사 속 경제 이야기” . 218—220 쪽 .

김두얼 (2020), “사라지는 것은 아쉬움을 남긴다”, 87—89 쪽 .

给我们的启示 国家是否拥有受信任的货币？

IMF(2020.4), “World Economic Outlook”.

서울경제신문 (2020.5.8), “에르도안 금리개입 탓 자본유출 가속 ... 통화 가치 뚝 떨어지고 고물가 시달려”.

조선일보 (2020.4.27),“ ‘코로나 탄핵 1 호’ 위기 몰린 브라질의 트럼프”.

第六章　一切金融危机之源：2008 年全球金融危机

1 2008 年全球金融危机的起因是什么?

The Guadian(2011.12.36), "Virgin Money buys Northern Rock for £747m".

티모시 가이트너 (2015), "스트레스 테스트", 29 쪽 .

한국경제 (2007.10.24),"비윤리적 행위'4 가지 변명이 기업 망친다".

한국경제 (2007.2.13), "[증권사 CMA 뜬다] 메릴린치 , CMA 로 컸다".

이찬근 (2011), "금융경제학 사용설명서", 25, 49, 53, 131 쪽 .

미래에셋대우 WebZine(2019. 10), "[쉽고 재미있는 투자의 역사] 2008 년 글로벌 금융위기의 배경은 ? 글래스 스티걸 법안의 폐지의 영향".

벤 버냉키 (2010), "Monetary Policy and the Housing Bubble".

주간경향 (2016.3.15), "[영화 속 경제] 〈빅쇼트〉 - 미국 주택시장 버블의 원인 '닌자대출'".

2 房地产价格猛涨时中央银行在做什么?

New York Times(2009.9.2), "How Did Economists Get It So Wrong?".

Raghuram G. Rajan(2005), "The Greenspan Era: Lessons for the Future, Speech by Raghuram G. Rajan, Economic

Counsellor and Director of the IMF's Research Department, " IMF Speech.

라구람 G. 라잔 (2011), "폴트 라인", 14—15, 124—126 쪽 .

매일경제 (2007.8.12), "4 년간 키운 유동성 버블 드디어 터지나".

한국금융연구원 (2008.3.22), "JP 모건체이스의 베어스턴스 인수 및 향후 전망".

벤 버냉키 (2015), "행동하는 용기", 291, 472—473 쪽 .

티모시 가이트너 (2015), "스트레스 테스트", 213 쪽 .

매일경제 (2016.5.2), "한은 '美 TARP 가 모범 사례' … 재무부 - 연준 공조 위기돌파".

Nicholas R. Lardy(2012), "Sustaining China's Economic Growth after the Global Financial Crisis, " Peterson Institute for International Economics.

3 金融危机为何会导致经济崩溃?

벤 버냉키 (2015), 『행동하는 용기』, 265—267, 473, 480—481 쪽 .

조선비즈 (2011.6.9), "2008 년 글로벌 금융위기 때 48 개 국가가 예금보호 확대".

한국경제 (2012.12.31), "美 , 무제한 원금보장 해제로 은행들 자금 분산 나서".

이찬근 (2011), "금융경제학 사용설명서", 59 쪽 .

김병기 · 김진일 (2014.7), “미 연준과 유럽중앙은행의 비전통적 통화정책 수행원칙에 관한 고찰”, 한국은행 경제연구 .
티모시 가이트너 (2015), “스트레스 테스트”, 239 쪽 .
벤 버냉키 (2014), “벤 버냉키 , 연방준비제도와 금융위기를 말하다”, 43—44 쪽 .
워런 버핏 (2017), “워런 버핏 바이블”, 592—593 쪽 .

4 美联储是如何恢复经济的?

벤 버냉키 (2014), “벤 버냉키 , 연방준비제도와 금융위기를 말하다”, 19—21 쪽 .
벤 버냉키 (2015), “행동하는 용기”, 398—399 쪽 .
티모시 가이트너 (2015), “스트레스 테스트”, 22—23, 27 쪽 .
한국은행 (2003.1.16), “금융 시스템의 스트레스 테스트 방안 - 신용위험을 중심으로”, 금융경제연구 제 142 호 .
한국은행 (2009.5.11), “미국 은행의 스트레스 테스트 결과와 향후 전망”, 해외경제정보 제 2009-36 호 .
한국금융연구원 (2012.8.18), “미국 정부의 구제금융 지원자금 회수 가속화”, 주간 금융브리프 21 권 33 호 .
한국은행 (2012.11.2), “글로벌 금융위기 이후 미국 설비투자의 확대 배경과 전망”, 해외경제정보 제 2012—44 호 .

라구람 G. 라잔 (2011), “폴트 라인”, 56—57, 84 쪽 .

给我们的启示 经济危机应对指南会一直有效吗？

김병기 · 김진일 (2014.7), “미 연준과 유럽중앙은행의 비전통적 통화정책 수행원칙에 관한 고찰”, 한국은행 경제연구 .
Olivier Blanchard, Lawrence H. Summers 편 저 (2019), “Evolution or Revolution?”, 12 쪽 .
미 연준 (2020.3.15), “Federal Reserve press release”.
한국은행 (2020.5.4), “코로나 19 위기 대응을 위해 연준이 도입한 긴급대출제도 비교 및 시사점”, 워싱턴 주재원 보고서 .